陈占彪 ———— 编著

五四图史

1919.5.4

九州出版社 JIUZHOUPRESS | 全国百佳图书出版单位

图书在版编目（CIP）数据

　五四图史 / 陈占彪编著 . -- 北京：九州出版社，
2019.4
　　ISBN 978-7-5108-7939-5

　　Ⅰ . ①五… Ⅱ . ①陈… Ⅲ . ①五四运动－研究 Ⅳ .
① K261.107

　中国版本图书馆 CIP 数据核字（2019）第 052616 号

五四图史

作　　者	陈占彪　编著
出版发行	九州出版社
责任编辑	曹　环
封面设计	观止堂 _ 未泯
地　　址	北京市西城区阜外大街甲 35 号（100037）
发行电话	(010) 68992190/3/5/6
网　　址	www. jiuzhoupress. com
电子信箱	jiuzhou@jiuzhoupress.com
印　　刷	三河市兴博印务有限公司
开　　本	710 毫米 ×1000 毫米　16 开
印　　张	11.5
字　　数	216 千字
版　　次	2019 年 5 月第 1 版
印　　次	2019 年 5 月第 1 次印刷
书　　号	ISBN 978-7-5108-7939-5
定　　价	48.00 元

作者简介

陈占彪 上海社会科学院文学所研究员。巴黎第十大学访问学者。研究领域为中国现代思想文化、当代文化、汉文化圈国家与中国关系。

著有《五四知识分子的淑世意识》《自由及其幻象：当代城市休闲消费的发生》《五四细节》《观图记》等。编有《五四事件回忆（稀见资料）》《五四现场：从"五四"到"六三"》《五四图史》《五四的百年纪念》《甲午五十年（1895—1945）：媾和·书愤·明耻》《三岛蜷伏 日月重光：抗战胜利受降现场》《从琉球国到冲绳县：琉球亡国史料辑录》《清季琉球悬案始末》《明代使琉球录集辑》《清末民初万国博览会亲历记》《思想药石：域外文化二十家》等。主编《琉球认同与归属文献丛刊》。执行主编《上海文学发展报告》（年度）。

目录

壹

◎ 战起欧西岛寇欢

贰

◎ 巴黎梦破土难全

叁

◎

奸人媚日千夫指

肆

◎

阔府呼朋大火燃

伍

◎ 峻令频颁寒彻地

陆

◎ 通国共愤浪滔天

柒

◎ 除贼抗霸从民意

捌

◎

附录

◎ 匡互生：五四运动纪实

例　言

　　一、1919 年的五四运动开我国家新生面，民族新纪元，今转眼已届百年，本书之编纂聊备五四百年纪念之微意耳。

　　二、本书是对 100 年前的五四运动的来龙去脉的"图像呈现"。凡 130 则，每则包括一个简题、一组图片（或一图，或多图）、一段文字。

　　三、由于 20 世纪 20 年代，照相并不普遍，因此，关于五四运动的图像材料并不丰富，"物以稀为贵"。本书图像（照片、漫画、插图）系编者多年来从当时的中外报纸、杂志、书籍中穷搜极讨而得，有的图片则是编者事后寻迹、现场踏访而得，如"一战"和巴黎和会诸图。

　　四、有图而无文，其涵义将大打折扣。由是每图又配以相关之文字，以辅助说明。唯文字的选择，多以公文、宣言、通电、传单、报道、著述等相对权威又距离五四为时不远的官方文献、原始文献为优先。

　　五、本书将五四运动整个过程分作八段，依次述其背景（战起欧西岛寇欢）、触因（巴黎梦破土难全）、对象（奸人媚日千夫指）、爆发（阔府呼朋大火燃）、发展（峻令频颁寒彻地）、激化（通国共愤浪滔天）、落幕（除贼抗霸从民意）和精神（五四功成万古传），八个题目合起来为一首"打油诗"也。

陈占彪于新庄百菜园

2018 年 7 月 31 日

壹

△▼

战起欧西岛寇欢

为在远东获得良港，德皇威廉二世借口曹州教案，遣其弟亨利亲王率舰队至中国海面，无惜铁拳，胁迫清政府于 1898 年 3 月 6 日租借胶澳。图为德皇威廉二世像。图片选自 *Current History* Vol1, NO3, March, 1915

胶澳租借

初，德国亚东舰队欲于远东得适宜之地，为海军根据及商港，曾游弋于中国沿海一带，竭力搜求。德政府调查员，尝以胶澳地方最为相宜之说进。适一八九七年十一月，有德国教士二人，在山东内地之曹州被害，论厥情形，本为地方官防范所不及。而德政府方欲以武力遂其素志，久思有所藉词，至是，即挟为口实，遣军舰四艘至胶澳，派兵登岸，声言占领。中国政府见德兵入境，事势危急，迫不得已，乃与德国订立一八九八年三月六日之约。

《中华民国全权代表在巴黎和会关于山东问题的说帖》1919 年 4 月

德国占领青岛后，在信号山崖勒上飞鹰国徽，下叙占领年月及将领姓名，及日军占领青岛后，复勒"大正三年十一月七日"数字于其上。图片选自班鹏志：《接收青岛纪念写真》，商务印书馆 1924 年版

勒石纪念

租借条约分三章：第一章专说军事上的布置。主要的目的：（一）德国军队可在青岛周围一百里路以内自由行动。（二）割让胶州湾两岸，听德国自由建筑堡塞、储藏军需、修造军舰。第二章专说铁路矿山两件事。铁路划定两道路线：（一）从胶州起，打潍县青州博山淄川邹平经过，直穿济南，并可以达到山东省的边界。（二）从胶州起，向左边朝沂州府走，穿过莱芜县，直到济南府。凡铁路两旁沿途三十里以内的矿山，如第一路线附近的潍县博山各处，第二路线附近的胶州府莱芜县等处的矿产，都听德国人自由开采。第三章专说借款的优先权。凡在山东省内创办有利的事业，要借外资的时候，必先同德国的商人商议。

涵庐：《青岛交涉失败史》，《每周评论》1919 年 5 月 11 日

1914 年 7 月 28 日，"一战"爆发。图为德国年长男人响应号召、奔赴前线的场景。图片选自 *Current History* Vol1, NO5, February, 1915

大战爆发

　　1914 年 6 月 28 日，奥匈帝国皇储斐迪南大公在萨拉热窝视察时，被塞尔维亚青年加夫里若·普林西普枪杀。一个月后，奥匈帝国在德国的支持下，以萨拉热窝事件为借口，向塞尔维亚宣战。接着德、俄、法、英等国相继投入战争。交战的一方为同盟国的德意志帝国和奥匈帝国，以及支持他们的奥斯曼帝国、保加利亚。另一方为协约国的英国、法国和俄罗斯帝国以及支持他们的塞尔维亚、比利时、意大利、美国等国。

"如虱附体"。图片选自 *Current History* Vol1, NO3, March, 1915

日英协约

　　日政府深望欧局早告和平，即不幸而战事继续，亦望战局不致扩张，且日政府深期得确守严正中立之态度。万一时局转变，英国投入战涡，以日英协约目的或濒危境，日本以协约义务，必至执必要之措置。日政府固深望此时期不致发生，但对诸般形势必加重注意云。

《日本外务省关于欧战之最初宣言》1914 年 8 月 2 日

"帝国政府欲以英国求援于日本，而日本同意英国之请求这一方式实现参战"。图为日军青岛远征军司令官（Kamio）像。图片选自 *Current History* Vol1, NO5, February, 1915

日本参战

欧战初起，中国即于一九一四年八月六日，以大总统命令宣告中立。两星期后，日使通知中国政府称：日本曾于八月十五日以最后通牒递交德国，劝将该国军舰及一切武装船只，立即退出中日两国之领海，并于九月十五日以前，将胶澳租借地全境移交日本，以备日后交还中国。且要求于一九一四年八月二十三日日正午以前，对于此项劝告，为无条件之承认。按该最后通牒所称，此举之用意，乃在除去远东和局扰乱之根，且为保卫英日同盟之公共利益计。中国政府虽未见商于前，然对于所拟关于胶澳租借地之办法，亦曾表示愿为同袍之意。旋以未见嘉纳，始不坚持。嗣日本以最后通牒未见答复，乃于一九一四年八月二十三日向德国宣战。

《中华民国全权代表在巴黎和会关于山东问题的说帖》1919 年 4 月

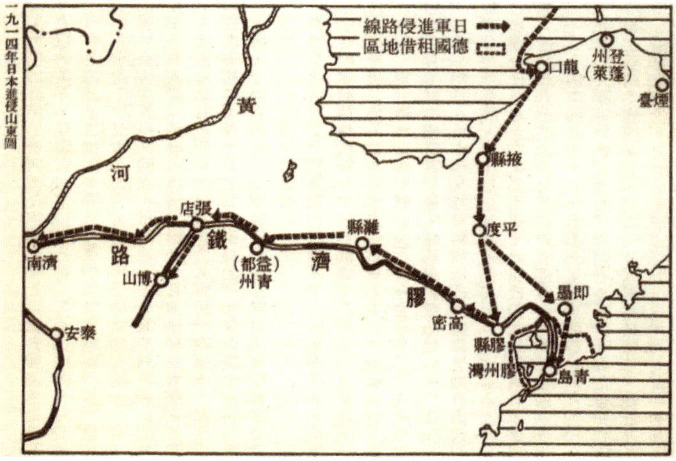

日军"舍近求远"，登陆龙口，进犯山东。左图为日军在山东进军路线图。图片选自吴相湘：《第二次中日战争史》上，台北：台北综合月刊社 1973 年版；右图为日军侵入莱阳县城之情形。图片选自张筱强，刘德喜，李继锋等：《图片中国百年史》上，山东画报出版社 1994 年版

龙口登陆

　　日军首队二万余人，本系派往攻击青岛，不意竟择龙口为登陆之处。龙口处山东北部海滨，南距青岛一百五十英里，日军于九月三日登陆，横穿山东半岛，以达胶州。沿途占据城镇，收管中国邮电机关，征取人工物料，困苦居民，皆视为必要之举。其先锋队于九月十四日始抵该处，而会攻青岛之英军，则于九月二十三日在德国租借地以内之劳山①湾登陆。劳山湾距青岛较近，沿途所遇之障碍，自亦较日军前进时为少，故与德军交绥之第一役，犹及与焉。

　　　　　　　　　　《中华民国全权代表在巴黎和会关于山东问题的说帖》1919 年 4 月

---

① 劳山，崂山的旧称。

当时青岛要塞德国防兵只有五千二百五十人，兵力少劣，仓促应战，至 1914 年 11 月 7 日，德军不支，悬旗请降。日本以微小损失，获得胜利。图为青岛俾斯麦要塞被日英联军摧毁的德军枪械。图片选自 *Current History* Vol1, NO5, February, 1915

悬旗请降

敌方的损失，作为战利品被缴获的主要武器，计大炮约百五十门，又作为俘虏，被运至日本内地后方的，计有自总督华尔达克起，将校及相当职位的官员二百〇一人，士卒四千三百六十六人，文官及其他人员一百二十二人，合计四千六百八十九人。另有非战斗人员约一千三百名。

〔日〕东亚同文会编：《对华回忆录》，胡锡年译，商务印书馆 1959 年版

其后在陆地战争中，日本死军官十二、士卒三百二十四，伤军官四十，兵士一千一百四十。海上战争，则一小巡洋舰触小雷而沉，船员溺死二百八十人。此外，海军中死伤四十人。举此事实，非对日本在此届大战中所自诩为最大之胜利者欲故意减轻其战功也，乃为指明攻破要塞行动之实在情形也。

《废除一九一五年中日协定说帖》1919 年

日本旗高悬青岛"总督府"。图片选自张一志编:《山东问题汇刊》上,台北:文海出版社 1986 年版

日据青岛

日军于 11 月 16 日举行入城式后,立即施行军政,恢复战后秩序,整顿政治。自神尾光臣为首任,以后大谷喜久藏、本乡房太郎、大岛健一、由比光卫等各将军,曾历任青岛派遣军司令。至大正 6 年(1917 年)10 月,改行民政,以秋山雅之介为民政长官。直至大正 11 年(1922 年)12 月 10 日,以青岛行政权及其他等等完全交还给中国政府为止,前后满八年……

〔日〕东亚同文会编:《对华回忆录》,胡锡年译,商务印书馆 1959 年版

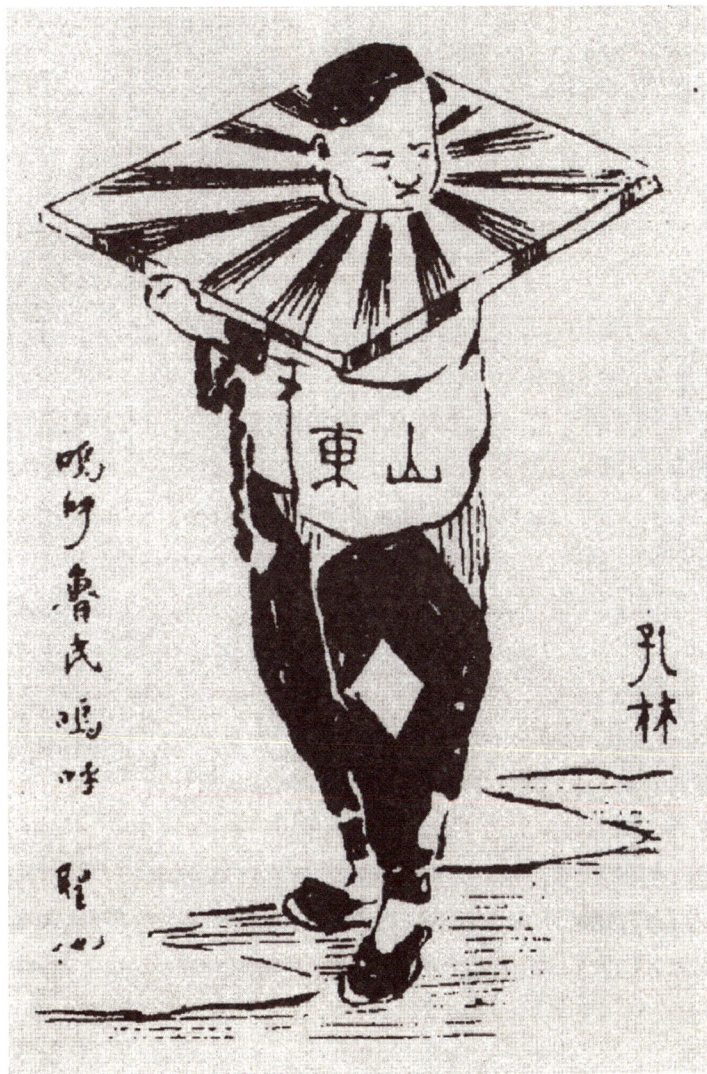

呜呼鲁民，呜呼圣地

孔林

山东

但杜宇：《呜呼
鲁民，呜呼圣地》，《国
耻画谱》，民权报社
出版部 1919 年

呜呼鲁民

　　日本政府复以一九一七年之第一百七十五号上谕，设民政署于青岛，复设分署于坊子、张店、济南。此三处者，皆沿胶济铁路而在百里环界之外者也。三处中以坊子距青岛为最近，然亦九十英里之谱。坊子民政分署竟有擅理华人词讼、征收华人赋税之举。而胶济铁路与各矿则置诸民政署铁路股管理之下。

　　　　　　　　　　《中华民国全权代表在巴黎和会关于山东问题的说帖》1919 年 4 月

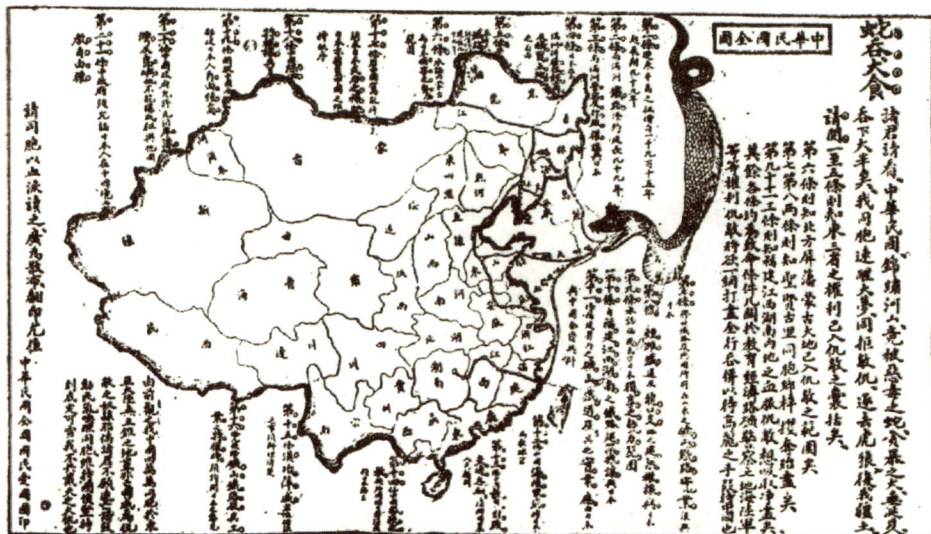

The above Cartoon Represents Japan in the Form of a Serpent in the Act of Swallowing China. The Swelling in the Belly of the Serpent Represents Formosa, while the one in the Throat Represents Korea.

日本趁列强忙于欧战，无暇东顾，遂于 1915 年初向袁世凯政府提出奴役中国的"二十一条"。图为漫画《蛇吞犬食》。图片选自 *Millard's Review*, August 2, 1919

二十一条

日本驻北京公使于一九一五年一月十八日向中国大总统提出二十一款之要求，颇令中国寒心。此项要求现已脍炙人口。计分五号，其第一号即涉于山东省问题磋商之事。延至五月，日本政府遂于是月七日以最后通牒送达中国政府，限四十八小时以内为满意之答复。同时，有满洲、山东日军增多之消息传至北京。中国政府实逼处此，舍屈从日本外，他无可择。不得已于一九一五年五月二十五日与日本签订关于山东省之条约，附以三项换文暨其他各约。虽非所愿，只以欲维持远东之和局，使中国人民免受无端之痛苦。

《中华民国全权代表在巴黎和会关于山东问题的说帖》1919 年 4 月

1915 年 5 月 7 日，日本对我递致所谓的"哀的美敦"书，9 日，中国屈服，25 日，中日代表签字。图中中国代表为陆徵祥、曹汝霖、施履本，日本代表为日置益、小幡、高尾。图片选自张筱强，刘德喜，李继锋等：《图片中国百年史》上，山东画报出版社 1994 年版

哀的美敦

查胶州湾为东亚商业上、军事上之一要地，日本帝国因取得该地所费之血与财，自属不少。既为日本取得之后，毫无交还中国之义务，然为将来两国国交亲善起见，竟拟以之交还中国，而中国政府不加考察，且不谅帝国政府之苦心，实属遗憾。……其他关系于胶州湾地方，又提出数项要求，且声明将来有权加入日、德讲和会议。明知如胶州湾无条件之交还及日本担负因日、德战争所生不可避之损害赔偿均为日本所不能容认之要求，而故为要求，且明言该案为中国政府最后之决答，因日本不能容认此等之要求。

《日本政府给袁世凯政府的最后通牒》1915 年 5 月 7 日

中国"以德国施行潜水艇计划，违背国际公法，危害中立国人民生命财产"为由，于1917年8月14日，对德宣战。图片选自 *Current History* Vol2, NO3, June, 1915

对德宣战

爰自中华民国六年八月十四日上午十时起，对德国、奥国宣告立于战争地位，所有以前我国与德、奥两国订立之条约、合同、协约及其他国际条款、国际协议属于中德、中奥间之关系者，悉依据国际公法及惯例，一律废止。我中华民国政府仍遵守海牙和平会条约及其他国际协约关于战时文明行动之条款，罔敢逾越。宣战主旨，在乎阻遏战祸，促进和局，凡我国民，宜喻此意。

《大总统关于中国对德奥立于战争地位布告》1917年8月14日

"一战"中，十三万多华工赴欧"以工代兵"。上图为法国诺埃尔的"华工墓园"。图片选自陈三井：《华工与欧战》，台北：中研院近代史研究所 1986 年版；下图为 1998 年 2 月 11 日在巴黎的博迪古公园 (Jardin Baudricourt) 竖立的"纪念在第一次世界大战中为法国捐躯的中国劳工和战士"纪念碑。2014 年 12 月 16 日，陈占彪摄

华工赴欧

在战争时期内，华工之应募工作于法国北部战线后方者，其数达十三万六百七十八人，华工之以敌人之军事行动而惨遭死伤者，数至不鲜。当英军在美索波达米亚及德属东非行动时，华工之应募调用者亦夥。又，英国多数军舰之船员，亦多以中国水手组成之。

《废除一九一五年中日协定说帖》1919 年

托马斯·伍德罗·威尔逊（Thomas Woodrow Wilson，1856 年 12 月 28 日—1924 年 2 月 3 日），美国第 28 任总统。1918 年 1 月 8 日，威尔逊提出《和平条件》十四条以寻求公平终战。1919 年，威尔逊被授予诺贝尔和平奖。图片选自维基百科（Wikipedia）

和平条件

和平条约，以公开方法决定之。此后无论何事，不得私结国际盟约。凡外交事件，均须开诚布公执行之，不得秘密行事。

确定约章，组织国际联合会，其宗旨为各国相互保障其政治自由及土地统辖权，国无大小，一律享同等之利权。

威尔逊总统《和平条件》十四条，刘彦：《帝国主义压迫中国史》下册，上海太平洋书店 1928 年版

1918 年 11 月 11 日，德国投降，"一战"结束。协约国以严苛的条约约束德国以求和平，为日后的"二战"埋下了复仇的种子。图片选自 *Current History* Vol10, NO2, August, 1919

德国降伏

第一次世界大战有 33 个国家、15 亿人口卷入战争。战争期间，协约国总计动员军队 4218 万余人，损失 2210 万余人，其中死亡 515 万余人；同盟国总计动员军队 2285 万人，损失 1540 万余人，其中死亡 338 万余人。交战双方直接战费约为 1863 亿余美元。而约束和惩罚德国的《凡尔赛和约》"不是一个和平条约，而是另一场战争的宣言"。

贰

△
▼

巴黎梦破土难全

1918 年 11 月 28，29，30，放假三天以庆祝大战胜利。图为庆祝协约国胜利之商家广告。左图选自《益世报》1918 年 12 月 28 日，12 版；右图选自《益世报》1918 年 12 月 3 日，4 版

公理战胜

欧战结束。北京各学校放了三天假，庆祝协约国的胜利。一般学生颇受"公理战胜强权"的口号的影响，以为战后的世界将是公理的世界。

陶希圣：《潮流与点滴》，台北：传记文学出版社 1979 年版

国人对巴黎和会始抱大期望，终落大失望。左图选自《益世报》1918 年 12 月 16 日，10 版；右图选自《益世报》1919 年 2 月 19 日，10 版

愿望过奢

中国代表团送来说帖两件：其一为中国要求平和会议废止一九一五年五月二十五日中日条约换文事，其一胪列各项重要问题，如撤退外国军警、裁撤外国邮局、撤销领事裁判权等等，请平和会议提出纠正事。以上两条业已收到，本议长兹代表联盟共事领袖各国最上会议声明。[再]联盟共事领袖各国最上会议，充量承认此项问题之重要，但不能认为在平和会议权限以内。拟请俟万国联合会行政部能行使职权时，请其注意。嘱本议长答复如右。

《平和会议议长复中国全权委员长函》1919 年 5 月 14 日

德国投降后，随即召开巴黎和会，作为"战胜国"之一，中国派出五位代表参会。左图为五代表像，上左王正廷，上右顾维钧，中陆徵祥，下左魏宸组，下右施肇基。左图选自《传记文学》第 34 卷第 5 期；右图为王正廷散布的顾维钧和曹汝霖女儿订婚的流言。右图选自《益世报》1919 年 4 月 28 日，2 版

代表倾轧

中国虽派出五位代表，却因"对协约国方面实际帮助甚少"，仅获两个正式席位，如要参与会议，只能是不固定地派出两人轮流出席。总统训令五代表排名为：陆徵祥、顾维钧、王正廷、施肇基、魏宸组。此一排名引发"南北矛盾"和"个人矛盾"，使得代表团内部摩擦不断，不能和衷共济。除陆徵祥团长排名第一，魏宸组前辈不介意名列最末外，陆徵祥本许诺南方代表王正廷担任第二代表，但北京政府考虑到"陆本人因健康关系不能经常参加会议，自然不便让南方的代表王正廷博士来代表中国政府"，引发南北矛盾。顾维钧虽有能力，又曾办过中日交涉，"业务熟悉"，但论资历却不及施肇基，让一个外交"老前辈"屈居于"小年轻"之下，难免要"闹情绪"，引发个人矛盾。

中国代表团抵达到巴黎后，入住吕特蒂旅馆（Hotel Lutetia）。随后，在巴黎的中国留学生邀请代表团在哲人厅（Société Savante）开谈话会。左图为哲人厅，今为巴黎第四大学。2014 年 10 月 1 日，陈占彪摄；右图为重修中的吕特蒂旅馆。2014 年 9 月 12 日，陈占彪摄

哲人厅会

在中国代表团到了巴黎后，我们就在哲人厅（Société Savante）请他们来开谈话会。……开会后由主席李圣章报告开会的目的，并要求代表团表示他们对于山东的问题的意见。陆徵祥的回答不着边际，其余的代表们除魏宸组以外并没有发言。这时同学何鲁走到讲台前要求发言，他就指着陆徵祥大责问他，问他二十一条是不是他任内所签订，陆徵祥无法否认，只好当众点头承认。

李宗侗：《巴黎中国留学生及工人反对对德和约签字的经过》，
《传记文学》第 6 卷第 6 期。

1919 年 1 月 18 日，巴黎和会在凡尔赛宫召开。图片左下角衣领上打 × 者为出席和会的中国代表顾维钧。
图片选自班鹏志：《接收青岛纪念写真》，商务印书馆 1924 年版

巴黎和会

1919 年 1 月 18 日至 6 月 28 日，战胜的协约国在巴黎召开巴黎和会。参加巴黎和会的国家有 27 个，与会各国代表 1000 多人，其中全权代表 70 人，各类工作人员 1 万多人。和会中，法国总理克里孟梭、英国首相劳合·乔治和美国总统威尔逊"三巨头"主宰了和会。

见信不及 听得 身弃西苏

1919 年 1 月 21 日，日本内田外相发表对华外交方针宣言称，要"将该租借地交还中国"。5 月 4 日，日本代表牧野在巴黎亦声明"日本完全将山东半岛主权付还中国"。对于这样的话，中国人是"听得见，信不及"。图片选自《益世报》1919 年 5 月 30 日，10 版

日人甘言

　　帝国对邻邦之中国，勿论毫无领土之野心，凡有形无形有碍中国国利民福之何等行动，皆所不为，惟恪守从前屡次声明，尊重中国之独立与领土保全、商工业机会均等、门户开放之主义。使中日两国，成永远且真实之亲善关系，此帝国之凤志也。因此欧洲讲和会议，帝国以公正友好之精神，处置与中国关系诸问题，实有最深之观念，彼胶州湾租地，帝国政府，一俟由德国取得自由处分权时，即当遵照大正四年五月二十五日，关于山东省日支条约及换文之规定，将该租借地交还中国。

《日本内田外相对华外交方针宣言》1919 年 1 月 21 日

日本认为德国在胶州湾的利权是靠日本的实力收回的，因此，日本应当继承德国在山东享有的权利，以作为日本参战之报酬。图片选自《益世报》1919 年 5 月 2 日，10 版

索要报酬

　　日本在青岛驱逐德人，牺牲二千名可贵之生命，诚系事实，但中国人民深知欧洲战场大半借美军二百万之协助，故美国牺牲之生命，较诸日本奚啻三十倍，而美国固未尝愿在此已恢复之亚、罗两省地方要求路矿也。尚有一事为众所知者，英国多少健儿战死于法兰特斯地方，该地几成为英国少年之坟地，且负世界最大之国债，然英国对于比利时亦未曾要求一二让与权，或请求必须让予其他人所不能有之各物也。

外交部致陆徵祥 1919 年 2 月 26 日

顾使发言

顾专使在会宣言，要旨如下：……以形势言，胶州为中国北部门户，为自海至京最捷径路之关键，且胶济铁路与津浦相接，可以直达首都。即仅为国防问题，中国全权断不能听任何他国于此重要地点，有所争持。以文化言，山东为孔孟降生之地，即中国人民所视为神圣之地。中国进化，该省力量居多，故该省为中国全国人民目光之所集。以经济言，该省地狭而民庶，面积不过二万五千方英里，人口多至三十六兆，人烟稠密，竞存不易，设有他国侵入其间，不过鱼肉土著而已，亦不能为殖民地也。故以今日会议所承认之民族及领土之完全各原则言之，则该地之归还中国，实为应得之权利。

陆徵祥巴黎来电 1919 年 1 月 30 日

日本一面以一九一七年之密约，钳制英、法，一面以不参加国联及提出人种平等要求案，窘吓美国。图片选自《益世报》1919年4月27日，10版

用心深险

日本并在国联宪章委员会上故意提出人种平等原则，予威总统以难题。缘当时美国移民法，严限外人入境，中日二国人民，尤感觉限制之苛。得此基本原则，他日可按以交涉，冀可改善放宽。然此为美国国会所不能接受，即对于国联宪章，多一攻击理由。日代表固熟知之，而特为提出，以增添威总统头痛，亦令我代表有不能不赞同原则之苦衷。用心深险，至于如此。

金问泗：《从巴黎和会到国联》，台北：传记文学出版社 1983 年版

1919 年 4 月 22 日，威尔逊、劳合·乔治和克里孟梭约见中国代表团，让中国从"让日本取得中日成约的权利"和"让日本继承德国在山东的权利"二者之中，选择其一。图片选自《益世报》1919 年 1 月 23 日，10 版

沆瀣一气

威尔逊说，以上的考虑都是慎重的，但他个人不赞成顾的看法，即与日本订立的条约是不公正的安排。条约的神圣正是大战的主要动力之一，它并非一堆废纸。如果条约与和平赖以存在的原则不符，我们还是不能废除过去的义务。如果只接受原则，我们就要从历史上退回去，法国就要接受一八一五年的条约，那样就没完没了了。不能因为被一个条约所制，便漠视正义。

"三人会"会议记录 1919 年 4 月 22 日

The Question of Tsingtoa.

Drink up the beer and return the bottle generously.

1919 年 5 月 1 日，三国会议通告中方代表，日本将继承德国原来在华特权。图为漫画《思悠悠，恨悠悠，恨到归时方罢休》。"啤酒已尽，乃以空瓶归还原主。此种计划，未免侮人太甚。"图片选自《上海泼克》

归还空瓶

一九一九年五月一日，英外交部斐福尔君代表三国会议，以议决山东问题办法面告中国代表，中国代表藉悉此项列入和约之条款极为宽泛。德国昔时有之政治上权利归还中国，而以经济上权利给予日本，即青岛设立租界及合办以来之胶济铁路，暨相连之矿产与拟筑造之其他铁路两道。

陆徵祥致外交部 1919 年 5 月 13 日到

巴黎和会列强无视中国正当要求，纵容日本侵略行径，致使中国外交失败，成为五四运动的导火索。
图为沈泊尘漫画《长蛇猛兽动地来，冲破和平正义塔》

外交失败

第一五六条：德国根据一八九八年三月六日之中德条约及其关于山东一切协约所获得一切权利、特权；胶州之领土、铁路、矿山、海底电线等，一概让与日本。

第一五七条：胶州湾内德国国有动产、不动产及关于该地直接、间接之建筑及其他工事，无报酬让与日本。

第一五八条：德国于和约实行后三个月内，将关于胶州之民治、军政、财政、司法等一切簿籍、地券、契据、公文书让渡与日本。

对德和约中有关德人将山东权利让与日本之条款 1919 年 6 月

巴黎和会中，以大会主席法国总理克里孟梭为首的列强对中国的正当诉求蛮横拒绝。图为"大宫"（Le Grand Palais）旁的法前总理克里孟梭（Georges Clemenceau）像，像前鲜花为时任法国总统奥朗德（François Hollande）于 2014 年 11 月 11 日"一战"胜利纪念日所献。2014 年 11 月 11 日，陈占彪摄

曷胜愤慨

此事我国节节退让，最初主张注入约内，不允；改附约后，又不允，改在约外，又不允，改为仅用声明不用保留字样，又不允；不得已改为临时分函，声明不能因签字而有妨将来之提请重议云云。岂知时直至今午完全被拒，此事于我国领土完全及前途安固关系至巨。……不料大会专横至此，竟不稍顾我国家纤微体面，曷胜愤慨。弱国交涉，始争终让，几成惯例，此次若再隐忍签字，我国前途将更无外交之可言。

陆徵祥致外交部 1919 年 7 月 2 日到

巴黎和会中，对中国抱以同情态度的美国以主持正义始，以无奈妥协终。图片选自《益世报》1919年5月5日，10版

信仰毁灭

美驻华公使芮恩施云：世界各国中，对于美国在巴黎和会的领袖地位，推崇之高，期望之切，始无有越于中国者。中国人民，无论遐迩，信托美国，信托威尔逊总统历次宣布的原则。他们对于控制巴黎和会的一般老人，不胜其失望与迷惘。中国人民受此沉重的打击，所产生的失望，与乎对于国际正义信仰的毁灭，思之令人痛心。

姚崧龄：《芮恩施使华记要》，台北：传记文学出版社1971年版

和约签字的前夕，巴黎的中国学生工人，前往巴黎西郊的圣克卢医院，围堵在此养病的陆徵祥，以阻其签字。图为维修中的圣克卢医院（Hôpital de Saint-Cloud）。2014 年 9 月 17 日，陈占彪摄

围堵陆使

到了第二天一清早，共有学生工人四十余人，包围了圣克卢陆氏的寓邸，陆徵祥的汽车已经停在门口，大家就推派李圣章一人代表进屋见他，李圣章就问他是不是不签字，他说一定不签字，李圣章就说你要签字我裤袋里这支枪亦不能宽恕你，一方面李圣章拍拍他自己的口袋。这一天他袋中的确有一支枪，另外这天工人中带有手枪的也大有人在，预备等陆氏上车的时候，他们用枪打毁他的车胎，使他的车开不动。在圣章方面，他已经写好了一份自白书，预备打死陆徵祥以后在警察面前自白。

李宗侗：《巴黎中国留学生及工人反对对德和约签字的经过》，

《传记文学》第 6 卷第 6 期

SIGNING OF THE GERMAN PEACE TREATY AT VERSAILLES

Memorable scene in the Hall of Mirrors June 28, 1919, when the German and allied delegates signed the treaty that ended the war. The "Big Four" are in the left background near the marble statue.
© International Film Service.

1919 年 6 月 28 日，《凡尔赛和约》在凡尔赛的镜厅签字，中国代表拒绝出席签字。图为当时签字之情形。图片选自 *Current History* Vol10, NO2, August, 1919

愤然拒签

那是大清晨。彼时情形我记忆犹新，我自己驱车驶离医院。那真可谓一次旅行——在清晨五、六点钟时分，从圣·克卢德到巴黎，竟用了十五甚或二十分钟。汽车缓缓行驶在黎明的晨曦中，我觉得一切都是那样黯淡——那天色、那树影、那沉寂的街道。我想，这一天必将被视为一个悲惨的日子，留存于中国历史上。同时，我暗自想象着和会闭幕典礼的盛况，想象着当出席和会的代表们看到为中国全权代表留着的两把座椅上一直空荡无人时，将会怎样地惊异、激动。

顾维钧：《顾维钧回忆录》第一分册，中国社会科学院近代史研究所译，

中华书局 1983 年版

1919 年 9 月 10 日，对奥和约签字典礼在圣日耳曼昂莱（Saint-Germain-en-Laye）的圣日曼宫（Château Vieux de Saint-Germain-en-Laye）正式举行，由是中国仍可成为新创立的"国联"的成员。图为圣日曼宫，今为国家考古博物馆（Musée d'Archéologie Nationale）。2014 年 9 月 25 日，陈占彪摄

得签奥约

未签德约情形，业于二十八日电呈在案。兹与各全权等商善后办法二端：一、奥约须往签字，则中国仍在协约国团体之内，且仍可为国际联合会发起会员之一，虽此间东邻委员团微闻有借词拒我单签奥约之意。惟近日会中各股开会，照常邀我列席，且前尚无为难情形发生，此后自当步步注意，以达往签目的。

陆徵祥来电 1919 年 7 月 7 日到

和会结束翌日，陆徵祥受命往赴罗马，在那不勒斯应邀画像，以纪念在和会上捍卫中国权益之艰辛。在此像右上方，是陆氏的座右铭"慎独"的拉丁文字 *Non sibi Illudere* 环绕着陆徵祥名字的首字母 L.T.T.。1927 年，陆氏本人将此画像捐献给瑞士伯尔尼历史博物馆。图片选自陆徵祥（Lou Tseng-Tiang）的《回忆与思考》（*Souvenirs et pensées*）（Bruges Desclée de Brouwer,1945）。2014 年 8 月 29 日，陈占彪摄于法兰西学院图书馆（La Bibliothèque du Collège de France）

欢迎归返

我从巴黎和会回来，船到吴淞口，岸上立几千人，打着旗。旗字大书"不签字""欢迎不签字代表"。船主不知道是怎么一回事，他不明了民众是反对还是欢迎。那是午后五点，我正在剃胡子。船主托人告诉我，请加谨慎。我说他们既是欢迎必然无事。赶到吴淞口的人，以为我将在吴淞登岸，我们的船却直驶上海。吴淞口的人都已赶回上海。上海的几位朋友走来欢迎，都不能近前，因岸上的人多极了。当晚我就乘车去北京。车站站长请见，言民众都围在车站外，可否让他们进站。我说当然让他们进来。我往火车站，一路水泄不通。巡警与秘书等，沿途大喊，让陆专使登车。登车后在车上出见民众。

罗光：《陆徵祥传》，台湾商务印书馆 1967 年版

叁

△
▼

妍人媚日千夫指

左图为但杜宇的漫画《引鬼入门》，图片选自《国耻画谱》，民权报社出版部 1919 年；右图选自《益世报》
1919 年 2 月 17 日，10 版

亲日外交

人谓我亲日，我不否认，惟我之亲日，由于情感，非为势力，可亲则亲，不可亲即
不亲，故我之亲日，并非媚日。

曹汝霖：《曹汝霖一生之回忆》，台北：传记文学出版社 1970 年版

China's Reformation
"A good swordsman is not a quarreller."

"从前主张改造中国之大人物，以为弃一老怪即可以撤除种种阻碍，岂知新出之小怪，其能力远胜老怪。中国欲图改造，先须弃此小怪、小怪者，曹、陆等是也。"图为漫画《改造不易，空谈何益》。图片选自《上海泼克》

国人怀恨

自从一次欧洲大战发生，列强无暇东顾，打破了均势的局面，日本颇有蚕食鲸吞，独自并吞中国的野心，先于民国四年迫我承认廿一条，后又攫夺青岛，占据胶济铁路以控制山东半岛，国人懔懔危惧，有国亡无日之痛，于是由于痛恨日本，转而憎恨亲日派外交大员。

王抚洲：《曹汝霖与五四运动》，《传记文学》第 17 卷第 1 期

谓我签字

国人既怀恨日本，遂益迁怒于亲日之人。甚至张冠李戴，谓二十一条由我签字；其后巴黎和会失败，亦归咎于我；于是群起而攻，掀起五四风潮，指我为卖国贼，大有不共戴天之概。然而事实经过，何尝如此！清夜扪心，俯仰无愧。徒以三人成虎，世不加察，以致恶性宣传，俨然铁案，甚矣，积非成是之可惧也！

曹汝霖：《曹汝霖一生之回忆》，台北：传记文学出版社 1970 年版

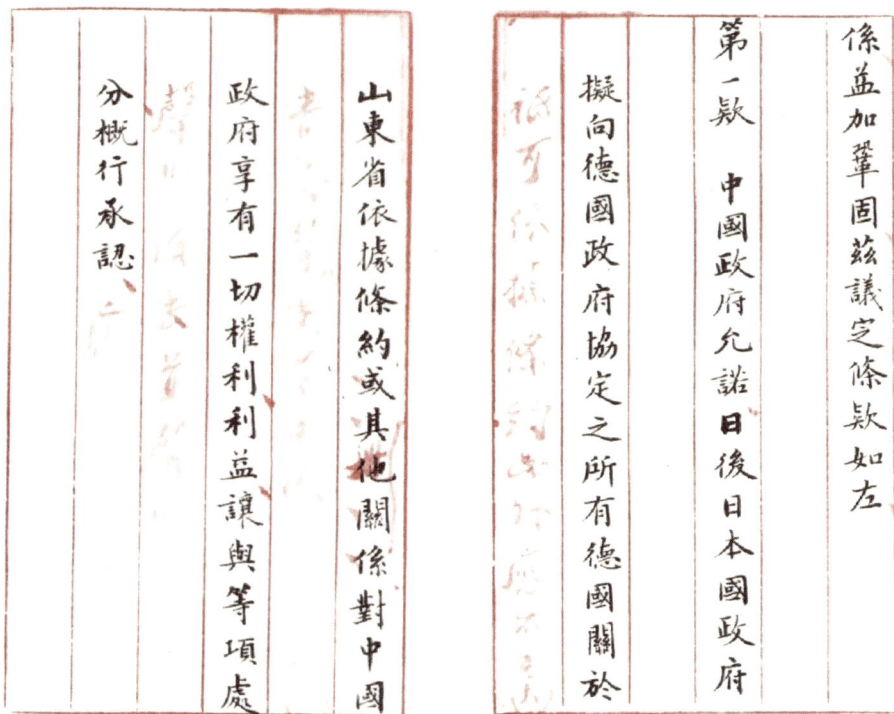

图为"二十一条"原案及时任总统的袁世凯的朱批。图片选自陈瑞芳，王会娟编：《天津市历史博物馆藏北洋军阀史料·袁世凯卷》2，天津古籍出版社 1996 年版

何缘见罪

卷查二十一条要挟事件，汝霖时任外交次长，与总长陆徵祥、前任该部参事现驻美公使顾维钧、前驻日公使陆宗舆，内外协力应付，千回百折，际一发千钧之时，始克取消第五项。经过事实，我大总统在国务卿任内，知之甚详。不敢言功，何缘见罪？

曹汝霖辞呈 1919 年 5 月 6 日

国耻纪念会插画。图片选自《民国日报》1919 年 5 月 12 日，12 版

点金有术

　　至于济顺、高徐各路借款，汝霖比时兼长财政，适逢我大总统就职之初，政费军储，罗掘罄尽，危疑震撼，关系匪轻。而欧美各国战事方酣，无力接济。汝霖仰屋旁皇，点金乏术，因与日本资本家商订济顺等路借款，预备合同，并同时要求日本将山东胶济铁路沿线撤退日军，由中国自行组织巡警队，保护铁路；又撤废胶济沿线民政署诸重要问题，一律解决。

曹汝霖辞呈 1919 年 5 月 6 日

"Money, thou bone of bliss and source of woe."

Henbert, Japanese Industrial Loans.

"借债对内，此真所谓远交近攻"。图片选自《上海泼克》

助段武统

又曹云对日借款是助段实行武力统一政策，这一政策的正当性如何，我们不必加以评论，但曹本人也知道，不仅南方集团反对段的武力统一，即北洋军阀内部，除段系之外，也都是反对段的武力统一。要武力统一必须有钱，曹之能向日人借款，固然使他重要，但也使他遭受一切反对武力统一的军人、政客集团所嫉恨。这即是曹润田当时的真正处境。

王抚洲：《曹汝霖与五四运动》，《传记文学》第 17 卷第 1 期

但杜宇：《阿瞒请客，珍馐杂陈》，图片选自《国耻画谱》，民权报社出版部 1919 年

阿瞒请客

近日无锡各街道，遍贴一种救国新诗。诗曰：可恨当年偃月刀，华容道上未斩曹，到今留下奸贼种，贿卖疆土害同胞。又一首曰：堪恨当年中牟令，招商旅店太多情，倘使早杀奸雄贼。今朝那有卖国人。

海上闲人：《上海罢市实录》，公义社 1919 年版

段祺瑞后来为曹陆章鸣冤叫屈。图为段祺瑞像。图片选自班鹏志：《接收青岛纪念写真》，商务印书馆1924年版

洗刷前愆

卖国曹陆章，何尝究所以？章我素远隔，何故谤未弭。三君曾同学，宫商联角徵。休怪殃池鱼，亦因城门毁。欧战我积弱，比邻恰染指。陆持节扶桑，樽俎费唇齿。撤回第五条，智力亦足使。曹迭掌度支，谰言腾薏苡。货债乃通例，胡不谅人只。款皆十足交，丝毫未肥己。列邦所希有，诬蔑乃复尔。忠恕固难喻，甘以非为是。数虽一亿零，案可考终始。参战所收回，奚啻十倍蓰。

段祺瑞书赠曹汝霖诗

图为时任驻日公使时的陆宗舆。图片选自《中国实业杂志》1914 年第 5 卷第 4 期

勋勤夙著

该总裁沥陈在驻日公使任内，办理胶州案件，如证还胶澳缩小战区等事，具臻妥协。其于二十一条案件，与前外交次长曹汝霖协力挽救，所全尤大。至对德宣战问题，尤能见机，事前多方准备，有裨大局。该总裁等相从办事有年，勋勤夙著，未可以流言附会，致掩前劳。当兹时局艰屯，正赖同心匡翊，所请免职之处，著毋庸议。

大总统慰留陆宗舆指令 1919 年 5 月 14 日

则全为保全中国领土起见日本并无所
利二号除开东蒙之议万难照允与质以
满蒙条件如为他国之利渠谓中国宝已 石不能允
将外蒙与俄至青岛系日本战胜而得中
国无要遥之权利若日本另为中日关係
起见或尚有相当之考量但看中政府应
允如何照昨日日置使所报情形日政府
尚难满意开议云云辩驳甚久徒多胁迫
之词与意仍请将五号极力坚持宝将他
号再议何如兴十二日

图为"二十一条"交涉时袁世凯墨批陆宗舆电。图片选自李毓澍：《中日二十一条交涉》上，台北：中研院近代史研究所 1966 年版

为秦庭哭

五号条件，关我国权至大，国人皆能记忆。然民国四年五月初五日东三省已布戒严令，初七日爱的密敕书之来，忽将五号撤去，此虽由于日政府犹有顾念邦交之意，而所以致此者究何因此？……宗舆则知能顾全东亚大局之人，日本大有人在，固已早为之所，至五月初四初五极不得已时，势不能不对其有心有力之要人，力陈利害，为秦庭之哭。惟事关机密，现尚未便尽宣，顾彼实因是感动，提议撤销五号者也。

陆宗舆辞呈 1919 年 5 月 9 日

"A goodly apple rotten at the heart."
The Shylock in the Far East.

"一身百孔千疮，表面挺胸凸肚，此之谓国际间之荷花大少。" 图片选自《上海泼克》

林矿借款

　　若所谓卖国头衔者，实坏于吉黑之林矿借款。原来该借款之欲求汇行代转合同，系中日两政府之转圜办法，而为舆所拒谢。时润田长财政，需用孔急，以至我两人大生龃龉，致数日不相往来。一日舆为合肥所招，谓曹锟师将北溃，苟无大借款以撑此局面，则政局将生绝大波澜，除将三千万日金借款令汇业代转合同，以期速得款项救急之外，绝无其他办法。……舆以义不容辞，而允为即签。自此吉省方面先起风潮，传染至于北京学潮。

陆宗舆：《五十自述记》，《北京日报》1925 年版

削除乡籍

青岛问题，交涉失败，推原祸始，良由陆宗舆等秘结条约，甘心卖国所致。义情愤激，已于元日特开国民大会，到者万余人。公决以后不认陆宗舆为海宁人，以为卖国者戒。海宁峡石镇国民大会陈守愚等公叩。寒。

龚振黄编：《青岛潮》，上海泰东图书局 1919 年版

北京上海及各省学生联合会、各报馆、各商会、各团体公鉴：卖国之贼，不共戴天。近竭陆宗舆、章宗祥、曹汝霖将辞职遁归。查陆系海宁籍，现经公众议决，宣告削除乡籍，以谢天下。如或遁归故里，同人愿与众共弃之。人之公愤，谁不如我，呈请曹章同乡，依样对待，一致进行。海宁长安镇教习会暨学界同人公叩。

海上闲人：《上海罢市实录》，公义社 1919 年版

图为新任
驻日公使章宗祥
像。图片选自《大
中华》1916 年
第 2 卷第 8 期

恪遵训令

抚膺自问，奉职三年，苟有利于国家，未尝不惟力是视。所有办理中日交涉事宜，无一不恪遵政府训令，往来文电，有案可稽。

章宗祥辞呈，王芸生：《六十年来中国与日本》第 7 卷，

生活·读书·新知三联书店 1981 年版

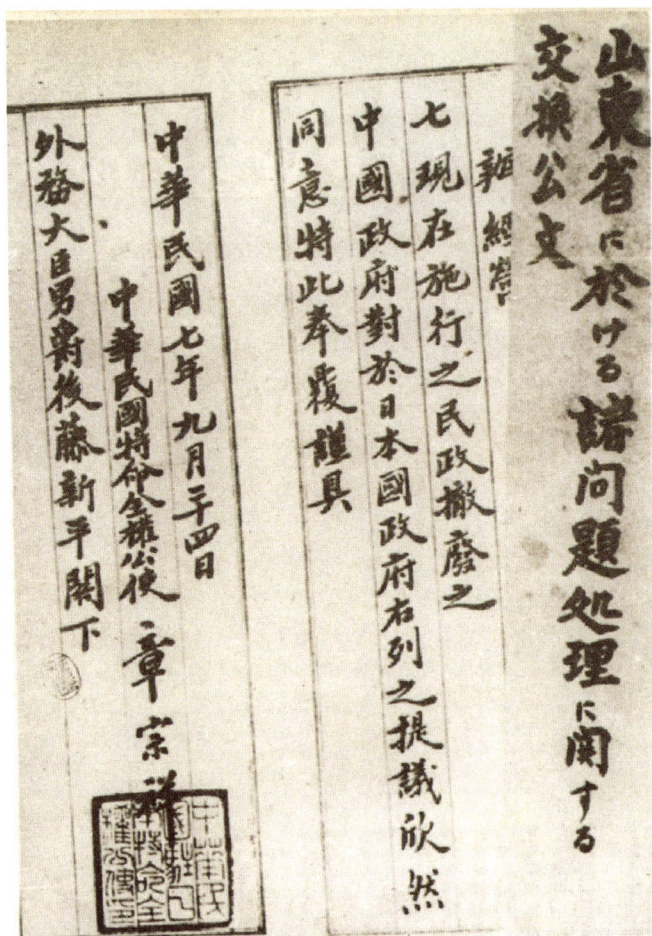

1918 年 9 月 24 日，中国与日本签订济顺（从济南到顺德）高徐（从高密到徐州）两路借款换文的同时，签署过一项包含将胶济沿线之日军撤兵至青岛的解决山东问题的换文，章宗祥在回复日本外务大臣近藤新平的照会中说，"中国政府对于日本国政府右列之提议欣然同意"。巴黎和会中竟误以此为中国承认日本在山东的利益。图为章宗祥签署的该换文。图片选自黄大受主编：《风云中华珍本》，台北：新晨出版社有限公司 1976 年

欣然同意

不料自五月一日起，由巴黎和会传到北京的消息一天险恶一天。到了五月三日，由几家报纸和几个外国教员宣传的消息，竟说中国的外交已完全失败，并说失败的原因完全在曹汝霖、章宗祥、陆宗舆等秘密订定高徐、济顺两路借款合同的换文上所有的"欣然承诺"（按，为"欣然同意"）四个大字上面。因为"二十一条"的承认还可以说是由于最后通牒压迫的结果，在以谋永久和平相标榜的和会场中可以借着各国的同情把全案推翻的，但日本的外交家却能立刻拿出中国专使所未曾知道的密约换文上所有的"欣然承诺"四个字来作非强迫承认的反证，来作钳制中国专使的口的利器。

匡互生：《五四运动纪实及其他》，自由社刊行 1937 年版

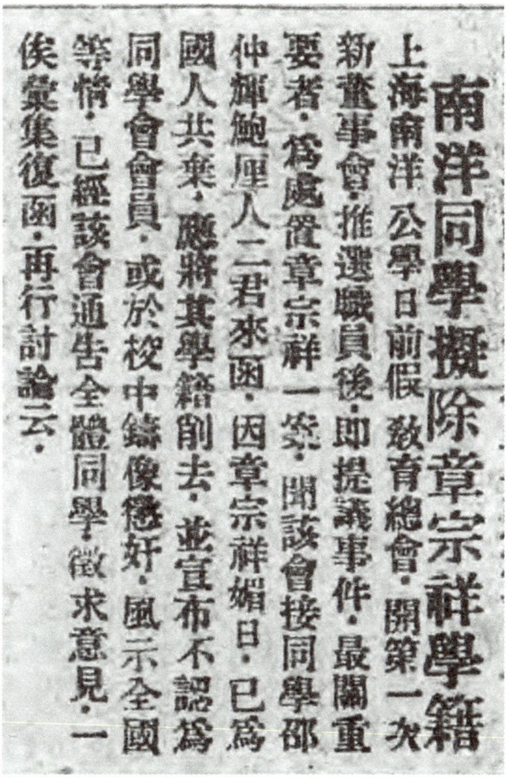

南洋同學擬除章宗祥學籍

上海南洋公學日前假敎育總會．開第一次新董事會．推選職員後．即提議事件．最關重要者．爲處置章宗祥一案．聞該會接同學邵仲輝鮑厘人二君來函．因章宗祥媚日．已爲國人共棄．應將其學籍削去．並宣布不認爲同學會會員．或於校中鑄像懲奸．風示全國等情．已經該會通告全體同學．徵求意見．一俟彙集復函．再行討論云．

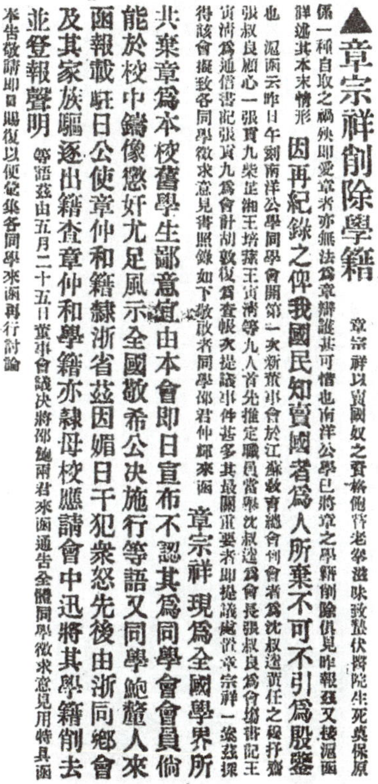

▲章宗祥削除學籍

章宗祥以賣國奴之資格偭背老學滋昧致慭伏醫院生死莫保原係一種自取之禍殃即愛章者亦無法爲章辯護甚可惜也南洋公學已將章之學籍削除供見昨報茲又接滬函詳述其本末情形　因再紀錄之俾我國民知賣國者爲人所棄不可不引爲殷鑒也　滬函云昨日午刻南洋公學同學會開第一次新董事會於江蘇教育總會到會者爲沈叔逵責任之穆抒齋張叔良顧心一張貢九柴莊湘王培蓀王寅甫等九人首先推定職員當舉沈叔逵爲會長張叔良爲會協書記王寅甫爲通信書記張貢九爲會計胡敦復爲查帳次提議事件甚多其最關重要者即提議處置章宗祥一案茲採得該會擬致各同學徵求意見書照錄如下敬啓者同學邵君仲輝來函　章宗祥　現爲全國學界所共棄章爲本校舊學生鄙意宜由本會即日宣布不認其爲同學會會員倘能於校中鑄像懲奸尤足風示全國敬希公決施行等語又同學鮑鼇人來函報載駐日公使章仲和籍隸浙省茲因媚日干犯衆怒先後由浙同鄉會及其家族驅逐出籍查章仲和學籍亦隸母校應請會中迅將其學籍削去並登報聲明　等語茲由五月二十五日董事會議決將邵鮑兩君來函通告全體同學徵求意見用特具函奉告敬請即日賜復以便彙集各同學來函再行討論

左图为《南洋同学拟除章宗祥学籍》，《每周大事记》1919 年第 15 期；右图为《章宗祥削除学籍》，《益世报》1919 年 5 月 28 日，3 版

拟除学籍

闻该会接同学邵仲辉、鲍厘人二君来函，因章宗祥媚日，已为国人共弃，应将其学籍削去，并宣布不认为同学会会员，或于校中铸造像惩奸，风示全国。

《南洋同学拟除章宗祥学籍》,《每周大事记》1919 年第 15 期

肆

△▼

阔府呼朋大火燃

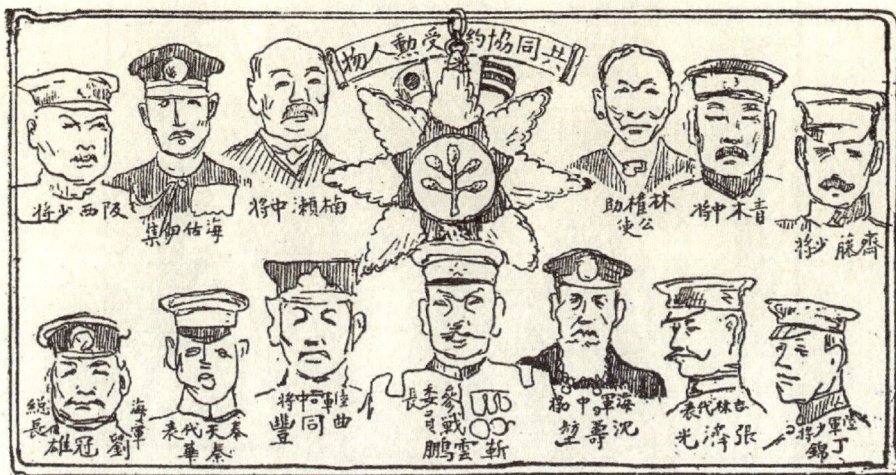

以共同防德的名义，中日签订了《中日陆军共同防敌军事协定》（1918 年 5 月 16 日）和《中日海军共同防敌军事协定》（1918 年 5 月 19 日），并参与了对苏联的武装干涉。5 月 21 日，北京 2000 多名学生请愿以抗议中日军事互助协定。"共同协约成立，中日人物互有受勋者，同为谋国而谋字之意味不同。" 图为漫画《彼方同心谋国也，此方同心害国乎》。图片选自《上海泼克》

五四前奏

民国七年（一九一八）五月十六日，日本与北京政府订立军事协定。并成立高徐顺济铁路借款预备合同，借款为日金二亿五千万元。预备合同限定于四个月内订立正式合同。合同的附件还有关于山东问题的换文，为日本承受德国在山东的利权，加了一重保证。

北京大专学校学生知道了这些消息，结成队伍到新华门请愿。他们请愿的目的在阻止政府对正式合同的签字与盖印。当时总统是冯国璋。他接见学生代表，告以此事的权在国务院。学生队伍遂由新华门转到金鳌玉蝀桥头之国务院。当时国务院总理是段祺瑞。他拒不接见学生代表。

陶希圣：《潮流与点滴》，台北：传记文学出版社 1979 年版

五四运动前夕，1919年3月1日，朝鲜民众集会，要求独立，惨遭日人镇压，是为朝鲜的"三一运动"。图为朝鲜民众宣布独立之情形。图片选自《黑潮》1919年10月号

三一运动

且朝鲜之与日本，以血统言，较中国为尤亲；以文化言，更为启发日本之恩人。以怨报德，尤东洋道德所不许。此次朝鲜人民无抵抗之独立运动，日本言论界绝乏为之表同情者。以视英之于爱尔兰，美之于菲律宾，相去诚不可以道里计矣。

《张继何天炯戴传贤告日本国民书》1919年5月8日

东京的中国留学生为章宗祥回国"送白旗"。图片选自《益世报》1919 年 4 月 20 日，10 版

送贼回国

四月底，驻日公使章宗祥奉召回国，日本报纸宣布：四月二十九日下午，由东京出发。于是吴一峰找我，说我们都到东京车站送他回国，各人怀一纸旗，上写"打倒卖国贼章宗祥"。我到东京车站时，已人山人海，中国学生已有千人左右。吴一峰发动此事，未以总会名义来发号施令，何以有这么多人来，我也出乎意外。加以日本人送章氏回国者，较中国人更多。因章氏预定不再回东京了，所以有多人来送行。车将开行时，车站月台，已布满了人，中国学生一声吼，各人把纸旗都拿出来，对着火车，高呼"打倒卖国贼章宗祥"。章太太与章宗祥站在一起，看见那么多的纸旗，请章宗祥注意，章宗祥只作没看见，而章太太则转回头痛哭去了。

龚德柏：《龚德柏回忆录》，台北：龙文出版社 1989 年版

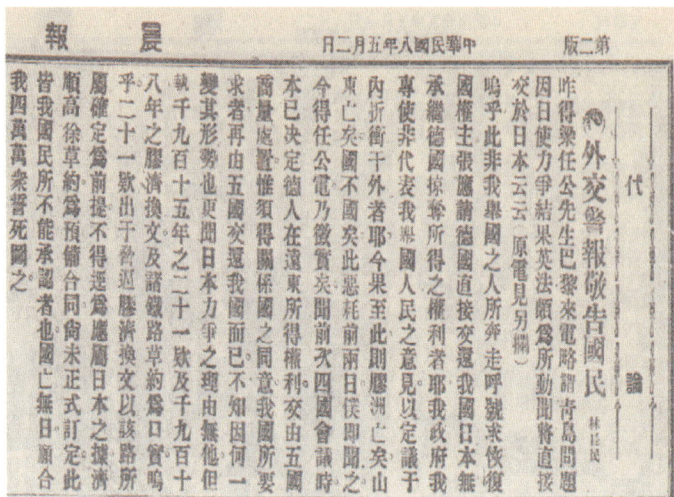

4月25日，国民外交协会接到梁任公巴黎来电，5月2日，《晨报》发表林长民的文章《外交警报敬告国民》，将和会失败的消息传递国内。上图选自《晨报》1919年5月2日，2版；下图描述了其时一些赴欧代表团前往巴黎观察和会的情形。下图选自《益世报》1919年2月11日，10版

外交警报

今果至此，则胶州亡矣，山东亡矣，国不国矣！此恶〔噩〕耗前两日，仆即闻之。今得梁任公电，乃证实矣。……更闻日本力争之理由无他，但执千九百十五年之二十一款，及千九百十八年之胶济换文，及诸铁路草约为口实。呜呼！二十一款出于胁逼，胶济换文以路所属确定为前提，不得径为应属日本之据。济顺高徐草约为预备合同，并未正式订定，此皆国民所不能承认者也。国亡无日，愿合我四万万众誓死图之！

林长民：《外交警报敬告国民》，《晨报》1919年5月2日，2版

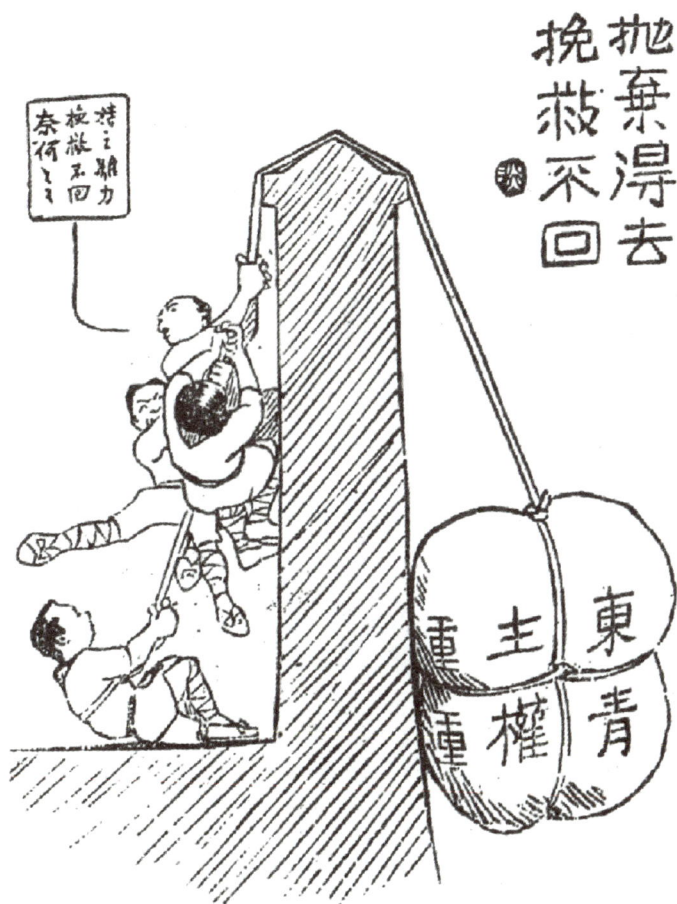

抛弃得去
挽救不回 谈

持之斟力
极救不回
奈何之之

東青
主権
重重

图片选自《益世报》1919 年 5 月 13 日，10 版

啮指血书

五月三日下午七时，第三院大礼堂中挤满了人。北大同学一千多人几乎是全体出席，其他各校热心同学赶来参加的也有几十人。在易克嶷主席宣告开会，说明宗旨之后，我即登台发言，提出我上述的主张。这是我第一次在重要的群众大会中发表演说，情绪不免有些紧张。……继我上台演说的是有名的"大炮"许德珩，他的讲话具有甚大的鼓动力量。还有同学谢绍敏当场啮破中指，在一块白手巾上血书"还我青岛"四个大字，更激起全场的愤慨。大会于是一致决定联络各校同学，于次日正午在天安门集合，举行示威游行；各校到会的同学们也当场表示热烈赞成。

张国焘：《我的回忆》第 1 册，东方出版社 1998 年版

五四当日的高潮是火烧赵家楼，当时决定采取激烈行动是在五月三日晚上北京高等师范学校的秘密会议上决定的。五四真正"放火者"正是该校数理科四年级学生匡互生。图为匡互生像。图片选自北京师范大学校史资料室编：《五四运动与北京高师》，北京师范大学出版社 1984 年版

秘密会议

在高师工学会的秘密会议上，有些同学一开始便激烈地主张：在可能范围内进而不应该只用和平的游街方式。在群情激昂的情形下，这个提议得到了通过。但暴动怎样进行？用什么武器？都没有得到细密的考虑，大家只说由各人自己想办法。据说有校外人士可以供给手枪。但问了一阵也没有结果。不过在当夜，我们就分头联络各校的志同道合分子，并一面派会员先将曹、章、陆等的住宅地址和门牌号数调查明白，一面设法从大栅栏一带的照相馆里，把曹、章、陆等人的照片弄到了手，以便临时有所对证。其余的暴动准备，也只是由少数同学带了点火柴和小瓶火油。即使参与秘密会议的化学科同学，也没有想到用烈性药物。

周予同：《火烧赵家楼》，北京师范大学校史资料室编：《五四运动与北京高师》，北京师范大学出版社 1984 年版

1919年5月4日北京学生示威游行路线图

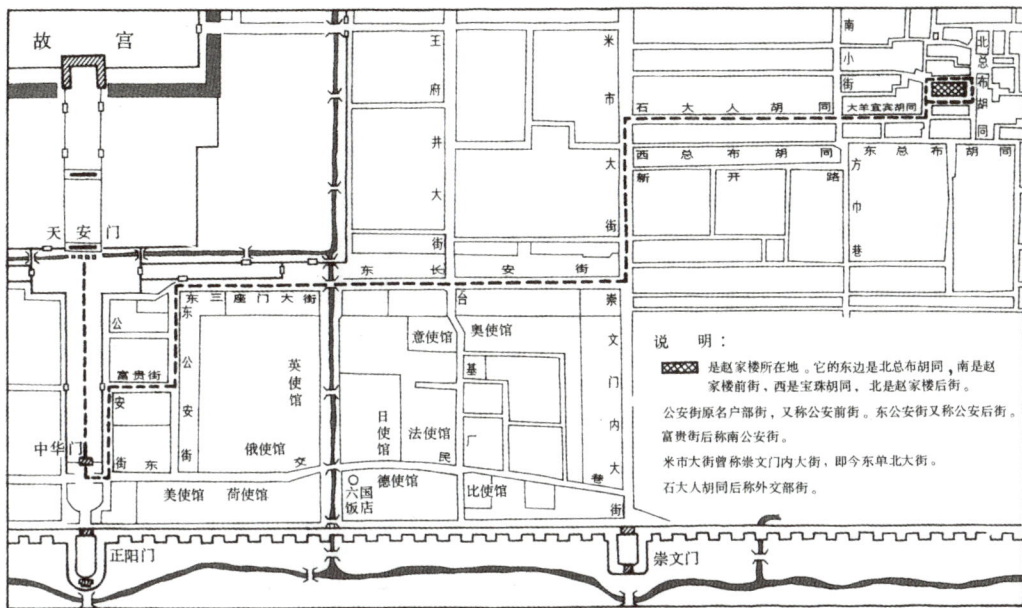

五四当日学生游行路线图。图片选自彭明：《五四运动史》，人民出版社 1984 年版

游行路线

　　该学生团于午后 2 时 30 分整队出天安门折东进东交民巷西口，至美国使馆门首，遂被阻止。该代表等从事交涉，仍未允通行。后即转北往富贵街，东行过御河桥，经东长安街南行，经米市大街进石大人胡同，往南小街进大羊宜宾胡同，出东口北行，向东至赵家楼曹宅门首，见有保安警察 2 排在该宅门前警卫。该学生等始而妒骂，继而拆打，保安警察因阻止致有受伤者，当即离开门前。是时秩序殊难维持，该学生等排阂直入，门窗玻璃什物拆毁甚多，当经宪兵及各处警察机关往各处严重警备，并将曹宅内眷保护出宅，交付警察。至 4 时 30 分忽见该宅火起，驻日公使章宗祥偕同日本人中江丑吉，在曹宅门前被学生等殴打，负伤，由宪兵及警察极力保护，未致生有他虞。

《陆军部驻署宪兵排长白歧昌呈文》，《历史教学》

第 1 卷第 6 期，1951 年 6 月 1 日

5 月 4 日上午，学生在法政学堂集会，讨论下午的游行事宜。图片选自《民国日报》1919 年 5 月 20 日，12 版

法政集会

　　四日上午十时，各校代表数十人，集于法政专门学校会议。盖遵前日之会议进行者也。当时到者，有北京大学、高等师范、中国大学、朝阳大学、工业专门、警官学校、法政专门学校、农业学校、汇文大学、铁路管理学校、医学专门学校、税务学校、民国大学等代表。到后遂商议如何演说，如何散布旗帜，如何经过各使馆表示请求之意，如何到曹汝霖住宅表示国民不甘受卖之意。随各分头制备小白旗。制备略妥，遂散而赴天安门。时天安门前学生已陆续至矣。

大中华国民：《章宗祥》，爱国社 1919 年 6 月再版

5 月 4 日午后，学生集合于天安门前，宣布游行的目的及路线后开始游行。图为当时学生集合之情形。Sidney D. Gamble 摄，图片选自 Jonathan D. Spence.*The search for Mordern China*.W. W. Norton & Company, 1991

天安门前

时大多数学生远立桥外，不识来人为谁，且误会李统领之言，有人大呼卖国贼……卖国贼……因此秩序稍乱。幸代表尚能极力制止，一面向李统领婉言曰他们是误会老前辈的意思，对老前辈是丝毫没有意见的，大家都是为国，我们今天也不外游街示众，使中外知道中国人心未死，做政府外交的后盾而已。李统领闻言，亦即息怒，低声言曰："汝们有爱国心，难道我们做官的就不爱国，就要把地方让给别人么？不过总统之下还有我们各种机关，汝们如有意见，尽管由我转达。若是汝们代表要见总统，我也可以替汝们带领，反正总有个办法，不能这种野蛮的。"

《山东问题中之学生界行动》，《晨报》1919 年 5 月 5 日，2 版

五四游行队伍中那副著名的"挽联"系北京高等师范学生张润芝所写。图片选自《人民画报》1974年5月

泪挽国贼

　　记者忙即下车，近前一看，见中间立有白布大帜，两旁用浓墨大书云："卖国求荣，早知曹瞒碑无字；倾心媚外，不期章惇死有头"，末书学界泪挽遗臭万古曹汝霖、章宗祥、陆宗舆等字样。此外各人所持小旗上书："复我青岛，不复青岛毋宁死"，"头可断青岛不可失"，"勿作五分钟爱国心"，"取消二十一款条约"，"取消中日卖国协定"，"卖国贼曹汝霖、陆宗舆、章宗祥"，种种激昂字样纪不胜纪（亦有用英文法文书者）。又有种种绘画上书"卖国之四大金刚应处死刑"，"小饿鬼想吃天鹅肉"等字样。

　　　　　　　　　《山东问题中之学生界行动》，《晨报》1919年5月5日，2版

大美國駐華公使閣下

吾人聞和平會議傳來消息關於吾中國與
日本國際間之處置有甚悖和平正誼者謹
以最真摯最誠懇之意陳詞於

閣下

一九一五年五月七日二十一條中日協約乃日
本乘大戰之際以武力將迫我政府強制而
成者吾中國國民誓不承認之青島及山東
一切德國利益乃德國以暴力掠去而吾人
之所日思取還者吾人以對德宣戰故斷不
承認日本或其他任何國繼承之如不直接
交還中國則東亞和平與世界永久和平終
不能得確切之保證

貴國為維持正義人道及世界永久和平而戰
煌煌宣言及威爾遜總統幾次演說吾人對
之表無上之觀象與同情吾國與
貴國抱同一主義而戰故不得不望
貴國之援助
吾人念貴我兩國素敦睦誼為此直率陳詞

請求
貴公使轉達此意於
貴國政府於和平會議予吾中國以同情之
援助謹祝
大美國萬歲
貴公使萬歲
大中華民國萬歲
世界永久和平萬歲

北京專門以上學校學生一萬一千五百人謹具

中華民國八年　　五月　四日

西曆一千九百一十九年　五月　四日

5月4日，学生在东交
民巷递呈的致美国公使说帖。
图片选自周策纵：《五四运动
史（上）》，台北：桂冠图书
股份有限公司1989年版

递呈说帖

学生之赴东交民巷也，意在会晤英美法意四国公使，面递山东问题之意见书，请望转
达各该国在巴黎之代表，冀能为吾国主张公道。乃到美使署时，美使芮恩施氏已赴西山。
到法使署时，法使已往三贝子花园。意英两使亦复以星期，故皆已出游。惟美使馆有馆员
延见，已将意见书接受，允俟美使回署转达，其余英法意使署人员皆以公使不在署，不敢
接受意见书。

《山东问题中之学生界行动》，《晨报》1919年5月5日，2版

学生在使馆遇挫后，情绪高涨，这时有人大喊，"到外交部去"，"到曹汝霖家去"。第二排左一即为罗家伦。图片选自罗家伦先生文存编辑委员会：《罗家伦先生文存》第 1 册，中国国民党中央委员会党史委员会 1976 年版

往赵家楼

大队在东交民巷被阻，自一点半钟起至三点半钟止，足足停立了两个钟头之久。最后就由大家决定改道向曹汝霖家里走去。这时候负总指挥责任的傅斯年，虽恐发生意外，极力阻止勿去，却亦毫无效力了。大队经过东长安街往赵家楼的时候，沿途都高呼卖国贼曹汝霖，卖国贼章宗祥，卖国贼陆某徐某段某和其他骂政府的话。

匡互生：《五四运动纪实及其他》，自由社刊行 1937 年版

图为曹汝霖住宅"赵家楼"。图片选自北京大学"五四运动"画册编辑小组：《五四运动画册》，文物出版社 1959 年版

砸窗逾墙

这时突然有领队某君（按，匡互生），奋不顾身，纵步跳上右边小窗户，随即有好几个警察死死地拉住他的腿往下拽，领队的学生们看到后，有的就用尽力气去掰开警察的手，坚持不下。另有一部分人就痛哭流涕地向他们演说：卖国贼如何卖国，中国如何危险等，警察们终于被感动而放松了手。某君头向里面一望，内部还有数十名武装警察，正枪口对着他。接着某君向这些警察演说，警察大概也由于良心发现，不敢开枪，改变了瞄准的姿态。某君便不顾一切地跳下去，迅速而机警地把大门开了，于是大队学生蜂拥而入。

俞劲：《对火烧赵家楼的一点回忆》，中国社科院近代史研究所编：
《五四运动回忆录》续，中国社会科学出版社 1979 年版

曹汝霖宅第之图

楼　　　　家　　　　赵　　　　后　　　　　城隍庙街

楼　　　　家　　　　赵　　　　前

凡例草图

音地　词　门舱　门街　门花垂　门后　毯先首囊之拆　室俗　通普口门　城来亭草　斤饭亭之　所厕　烧已房之　房通普發揭槌均　带烧已之楼暗房

图为被学生焚毁后的曹宅示意图。图片选自《北京档案史料》1986 年第 2 期

放火焚屋

　　我行至曹家门外，看见穿着长衫的两个学生，在身边取出一只洋铁扁壶，内装煤油，低声说"放火"。然后进入四合院内北房，将地毯揭起。折叠在方桌上面，泼上煤油，便用火柴燃着，霎时浓烟冒起。我跟在他们后面，亲眼看见。大家认得他俩是北京高等师范（北京师范大学前身）的学生。

　　　　肖劳：《火烧赵家楼的片段回忆》，中国人民政治协商会议北京市委员会文史资料研究委员会编：《文史资料选编》第 3 辑，北京出版社 1979 年版

"打破贼头，吓破贼胆"。图片选自《益世报》1919 年 5 月 8 日，10 版

打破贼头

仲和在锅炉房，听到上面放火，即跑出来，向后门奔走，被学生包围揰打。他们见仲和穿了晨礼服，认为是我，西装撕破。有一学生，将铁杆向他后脑打了一下，仲和即倒地。问槎向警长说，现在学坐已放火伤人，成了现行犯，还能文明对待吗？警长亦不理。

曹汝霖：《曹汝霖一生之回忆》，台北：传记文学出版社 1970 年版

没及时走散的学生被军警抓获。图片选自《益世报》1919 年 5 月 18 日，10 版

学生被拘

　　该学生等纷纷逸去。旋经军警在曹宅门外、后门外及附近各处，捕获学生许德珩、陈宏勋、李良骥、鲁其昌、潘淑、郝祖龄、易敬泉、李更新、杨振声、何作霖、邱彬、梁彬文、杨荃骏、梁颖文、熊天祉、易克嶷、董绍舒、唐英国、陈树声（声树）、王德润、初铭音、向大光、林公顿、薛荣周、赵永刚、张德、曹永、萧济时、刘国干、江绍原、孙德中、牟振飞等三十二名。

《京师地方审判厅刑事第一庭对被捕学生案裁决书》1925 年 1 月 31 日

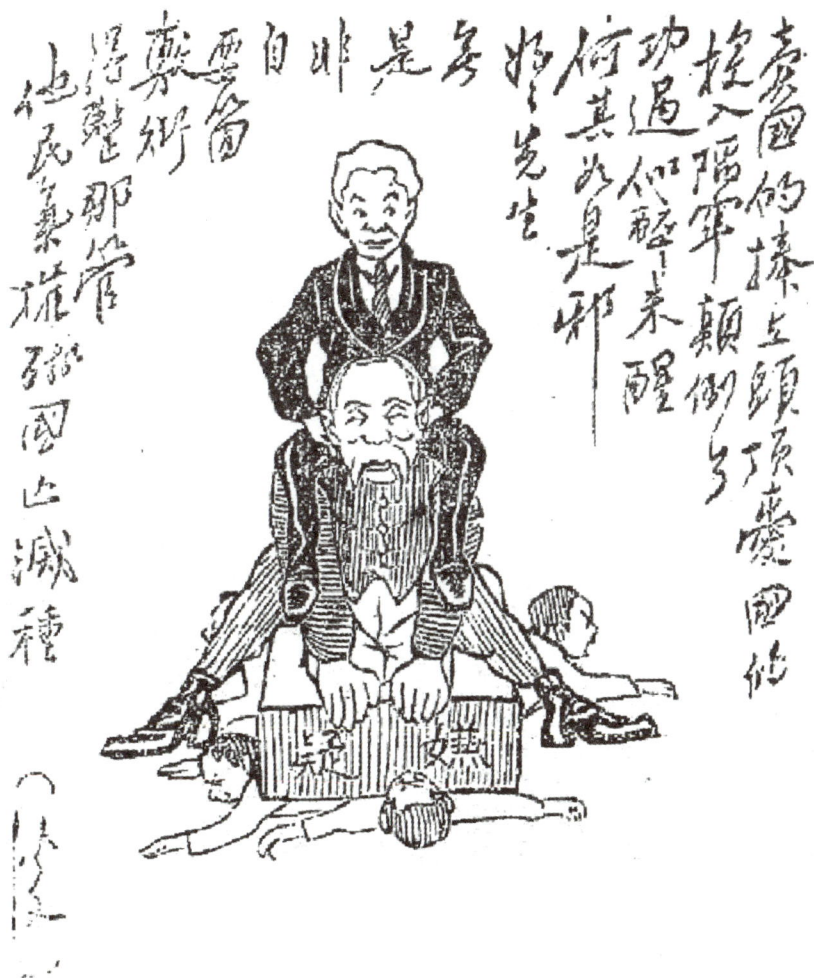

五月六日大总统令："着即由该总监查明职名，呈候惩戒"。"欲加之罪，何患无辞。"图片选自《益世报》1919 年 5 月 24 日，10 版

法无可恕

第二天（5 日）上午，法科学生照常到译学馆上课。我们法律门一年级的第一课是刑法。刑法教授张孝簃先生走进讲堂，即被同学们包围。同学们注意的问题是昨天运动的法律问题，以及被捕同学责任问题。张孝簃先生答道："我是现任法官，对于现实的案件，不应表示法律见解。我只说八个字：法无可恕，情有可原。"

陶希圣：《潮流与点滴》，台北：传记文学出版社 1979 年版

五月八日大总统令云："所有当场逮捕滋事之人，既由该厅送交法庭，应即由法庭依法办理。"图片选自《益世报》1919年5月20日，10版

请君自首

我的意思很平常，我愿意学生事件付法庭办理，愿意检厅去提起公诉，审厅去审理判罪，学生去遵判服罪。检厅如果因人多，检查的不清楚，不好办理，我们尽可一一自首，就是情愿牺牲，因为如不如此，我们所失的更大。在道理上讲，打伤人是现行犯，是无可讳的。纵然曹、章罪大恶极，在罪名未成立时，他仍有他的自由。我们纵然是爱国急公的行为，也不能侵犯他，加暴行于他。纵然是国民公众的举动，也不能横行，不管不顾。绝不能说我们所做的都对，就犯法也可以使得，我们民众的举动，就犯法也可以使得。

梁漱溟：《论学生事件》，《每周评论·特别附录》1919年5月18日

5月5日，汪大燮、王宠惠、林长民联名呈请警察厅保释学生，6日，十三校校长及山东国会议员联名呈保，同日，熊希龄等联名呈保。左为汪大燮像。左图选自百度百科；右为熊希龄像。右图选自刘北汜，徐启宪主编：《故宫珍藏人物照片荟萃》，紫禁城出版社 1994 年版

各界呈保

窃本月四号，北京各校学生为外交问题奔走呼号，聚众之下，致酿事变。当时喧扰场中，学生被捕者三十余人，国民为国，激成过举，其情可哀。而此三十余人者，未必即为肇事之人，大燮等特先呈恳交保，释放以后，如须审问即由大燮等担保送案不惧。群情激动，事变更不可知。为此迫切直陈即乞准保国民幸甚，谨呈警察总监。具呈人：汪大燮、王宠惠、林长民。

《学生界事件昨闻》，《晨报》1919 年 5 月 6 日，2 版

5月5日下午，各校学生全体大会在北大法科大礼堂开会，成立中等以上学校学生联合会，并决定罢课。图为五四期间墙上张贴的标语。图片选自班鹏志：《接收青岛纪念写真》，商务印书馆1924年版

全体罢课

各专门以上学校之学生，以其同学因爱国之故竟被拘留，群情异常愤激，昨日相约罢课。据其宣布罢课之理由谓：各学校既痛外交之失败，复愤同学之被拘，更有何心研求学问，此罢课之第一理由也；青岛问题，当以死争。被拘同学，亟宜营救，此罢课之第二理由也。以此之故，各校均全体罢课。

《学生界事件昨闻》，《晨报》1919年5月6日，2版

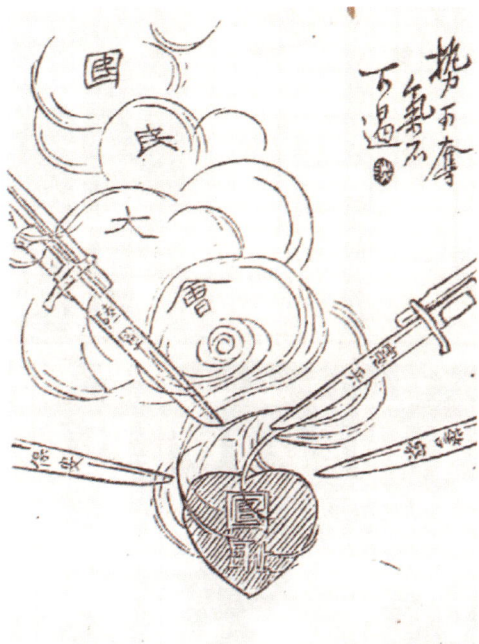

5月7日，在警方的阻挠下，国民外交协会由中央公园而石虎胡同，由石虎胡同而商务总会，由商务总会而先农坛，由先农坛仍复到石虎胡同召开国民大会，会后发致巴黎各专使电。左图为各方阻挠纪念国耻的漫画。图片选自《益世报》1919 年 5 月 10 日，10 版；右图为国耻纪念徽章。图片选自张筱强，刘德喜，李继锋等：《图片中国百年史》上，山东画报出版社 1994 年版

国耻纪念

次由熊希龄君演说，略谓今日吾侪东奔西走，几无容身之地，尚得在此与国人相见，亦云幸矣。诸君乎，今日政府宣布致陆专使两电，此电均在学生游街大会以后所发，政府能否坚持到底，目前尚难断言。吾侪非严重鞭策不可。吾侪定本星期日仍在中央公园开国民大会，倘政府再加干涉，则吾侪赴南京开大会亦可，中华民国中，岂怕觅不出一处开会地耶？次由山东议员某某两君相继演说，言极激昂。

《国耻纪念日之国民大会》,《晨报》1919 年 5 月 8 日，2 版

5月7日，为声援被捕学生，各团体各学校各商帮，借上海县西门外公共体育场，作为会址，特开国民大会。图为"五七"国民大会之情形。图片选自北京大学"五四运动"画册编辑小组：《五四运动》，文物出版社1959年版

国民大会

所有会场布置皆由国民大会筹备处主事，所定会场秩序如下：（一）推定主席。（二）报告开会宗旨及经过情形。（三）宣布办法。（甲）致电巴黎和会及我专使力争青岛及取消密约，不得则退出和会；（乙）要求惩办卖国贼；（丙）要求释放北京被拘学生。（四）演说。（五）游行。

《五月七日之国民大会》，《申报》1919年5月8日，10版

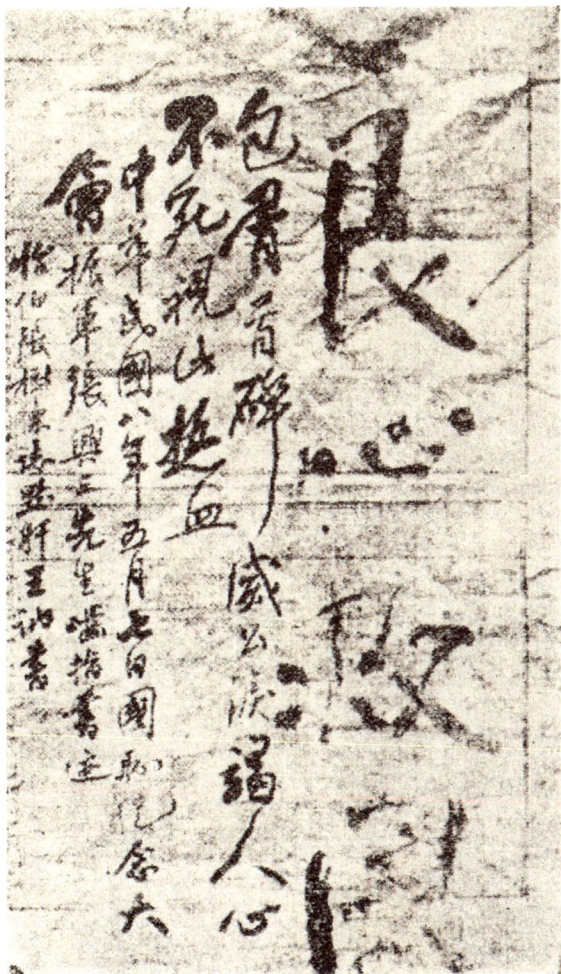

5月7日，山东各界六十二团体假山东省议会召开国耻纪念大会，会中张兴三破指血书"良心救国"四字。本图即为此一血书，旁云："包胥不死，威公泪竭。人心不死，视此热血。"图片选自中国历史博物馆编：《中国近代史参考图录》下，上海教育出版社1984年版

良心救国

五月七日上午十二时在济南省议会内召开了以学生为主的国耻纪念大会，到会者六七百人，除多数为学生外，还有议员与改良会、讲演会等人士，而商界无一人参加。会上各界人士纷纷发言，力主收回青岛及山东路矿权利等，有报界人士余吟笙者，大骂政府，并号召到会者各速回家联络市民人等，组织小刀会，速杀日本人，非此作法，青岛实难挽回，而国耻非以血洗不可！这种爱国的激情，反映了山东各界人民对日本帝国主义者的刻骨仇恨。到会的绅学各界一致起立鼓掌赞成。另有张兴三破指血书"良心救国"四个大字，血书留影迄今视之，犹可令人感奋！

李澄之：《五四运动在山东》，《山东省志资料》1959年第2期

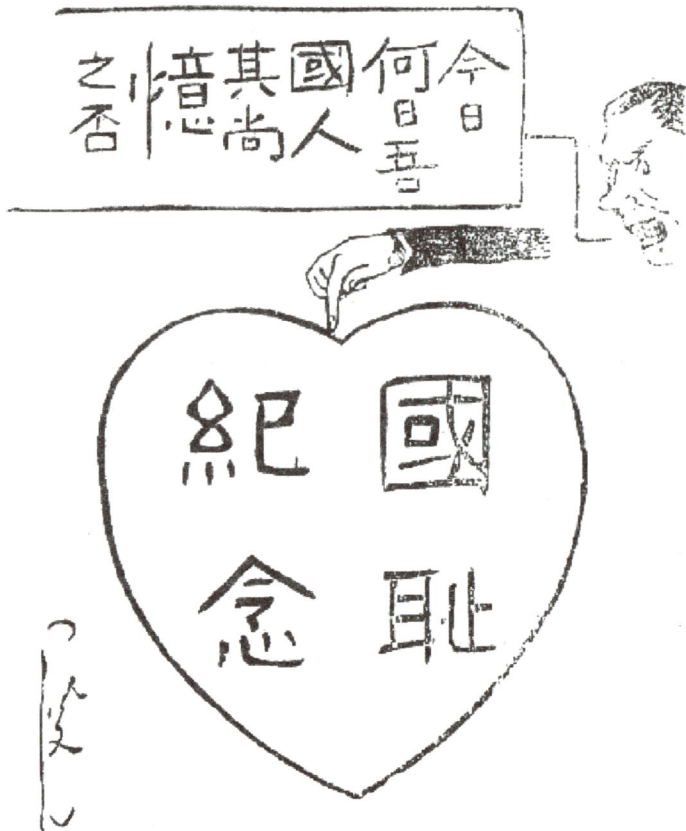

今日吾国人其尚憶之否

何日吾国人尚憶之否

国耻纪念

五七国耻日，在东京的中国留学生前往中国使馆游行示威，并向各国使馆表达意见，为日人袭击，并为日警拘捕。图片选自《益世报》1919 年 5 月 7 日，10 版

大闹东京

　　本午十二时遂聚百余人，由神田青年会集合，向使馆方面出发，各持国耻纪念日白旗，扬言虽死不辞，本日不达使馆，开会之目的不止。日本警察厅早经得讯，立即添派警士，幸得宪兵之协助，四路解散。十二时五十分又有学生二百人在德使馆前集合而来，被警察拒绝前进，折回日比谷公园，向美国大使馆出发。三时又有学生一百余人到美国大使馆门内外会同由日比谷公园前来之学生，合共五百余人，分往英法美瑞士国等使馆，强求谒见各大公使。一路日警随行，不肯稍懈，其先锋旗被日警取去作证。四钟又有学生六百人，由葵桥来至校门前，与日警冲突，手持凶器，闻不乏人，遂将日警手部砍伤，登时被捕十人，带往警署，此外为日警众遣退。四钟半又有学生总代表来署，要求谒见，适璟珂进宫致贺之时，学生聚有二百余人，不依解散，日警遂认为有害治安，依令强制解散之，中有学生三人，亦因抗拒被逮。此本午至四半钟学生骚动之情形。

　　　　　　　　　　　　　庄璟珂：《驻日代办庄璟珂致政府电文》，1919 年 5 月 7 日

5月7日，得到各校校长担保学生上课的承诺后，警厅释放了被捕的学生。图为北京高师被捕的"八勇士"佩戴胸花，光荣返校。照片中的八人自左至右，分别是：唐英国、赵允刚、薛荣周、初大告、向大光、杨明轩、王德润、陈荩民。图片选自北京师范大学校史资料室编：《五四运动与北京高师》，北京师范大学出版社 1984 年版

学生获释

先是各学校得释放确信，均各开汽车往迎，而同学亦齐至警厅前欢迎，各执"尔忘五月七日乎"小旗一面，迨钟鸣十下，十三辆汽车鱼贯而出，同学齐呼"学生万岁"、"警察厅万岁"、"中华民国万岁"。各校学生各回本校后，各校均开慰劳会，慷慨悲歌，有全体痛哭流涕者，会后并摄影纪念。

《被捕学生全体释放》，《晨报》1919 年 5 月 8 日，2 版

伍

峻令频颁寒彻地

5月9日清早，蔡元培校长"受其门生某君之劝告"，微服出京，留"杀君马者道旁儿"之启事。有漫画讽其"明哲自况，清流自居"。图片选自《益世报》1919年5月21日，10版

微服出京

某君：君尚在京耶？曷不辞职出京，独不闻外间有暗杀大学校长与焚烧大学耶？

蔡：语诚闻之，但以为此系反动者恐吓之语，可不理之也。

某君：是不然，政府中有人忌君、恨君、亦怕君，他们以为学生如散沙，君去则彼何能为力，学潮之案，将不了自了，政府亦可不必讯办。君如不辞不去，则彼将严办学生，一接再厉，必迫君去职而后已，为保全学生生计，为治弭学祸计，均以早辞早去为是。

蔡校长默然有顷，回家再思，觉得有理，遂将辞呈送出。九日清早微服出京而"杀君马者道旁儿"之启事，亦即刊载。

梁敬錞：《日本侵略华北史述》，台北：传记文学出版社1984年版

●黑暗勢力與教育界全體搏戰

▲大學全體停課挽留蔡校長

▲各校教職員亦擬一律辭職

▲傅增湘默然徐錢之意可知矣

▲與教育外交前途俱有關係

▲開會設法挽回

學生行動，純出至誠，乃本校校長過自引咎

蔡元培出走后，教育界无论学生与教职员，联合一气，陈情总统、总长，力挽校长，5月14日，政府不得已发表慰留蔡氏指令。图片选自《民国日报》1919年5月13日，3版

待罪挽蔡

窃此次学生行动，纯出至诚，乃本校校长过自引咎，呈请辞职，并已离校赴津。生等闻之，不胜惶恐。谨于本日决议，全体停课待罪，无论何种遣责，甘受无辞。若令校长得留，则生等虽去校之日，犹怀补过之思。否则，非惟贻教育前途以莫大之危险，且恐激起全国舆论之非难。伏乞万勿允准辞职，以维学校，而平舆情。不胜屏营待命之至。

呈教育总长 1919 年 5 月 9 日

自蔡校长出京后，教育总长傅增湘于 5 月 11 日步蔡后尘，不知所往。5 月 15 日，傅挂冠而去。图为傅增湘像。图片选自刘北汜，徐启宪主编：《故宫珍藏人物照片荟萃》，紫禁城出版社 1994 年版

总长挂冠

自九日国立大学蔡校长辞职离京后，其他各专门学校如工、法，医及高师各校长皆相率辞职去校，于是学校方面属望教育总长挽留各校长之心愈切，而政府方面责备教育总长放纵学生之罪愈苛，于是傅氏乃不可一朝居矣。十四五等日，北京各报宣传教育总长傅增湘失踪，或云实在西山某寺中，或云十四日确有人见其自汤山回宅亲笔署名于批留蔡校长之指令者，……夫以堂堂总长行踪诡秘若此，盖其中必有大不得已者焉。十五之夕遂有教育总长傅增湘呈请辞职，傅增湘准免本职之命，而以次长袁希涛暂行代理部务。

杨亮功：《五四》（中），《传记文学》第 34 卷第 6 期

5月14日，总统发表挽蔡令、挽曹陆令。同时还发表了两个命令，一令军警机关遇有纠众滋事不服弹压者，依法逮惩。一令学生毋得干预政治，如有违反，查明斥退。图片选自《益世报》1919年5月25日，10版

严辞申令

　　近年以来，民智日新，人知爱国，此为吾国文化增进之征。第爱护国家，则必尊重法律。若励学之年，质性未定，其始传闻误会，亦激于爱国之诚。而弊之所极，乃至破坏秩序，凌蔑法纪而不恤。甚为诸生惜之。……自此次通令之后，京内外各校学生，务各安心向学，毋得干预政治，致妨学业。在京由教育部，在外由省长督同教育厅长，随时明申诰识，切实约束。其有不率训诫，纠众滋事者，查明斥退。总期成德达材，及时效用。异日敷陈政论，共缔谟猷。是固国家无穷之望，其共勉之。

大总统令1919年5月14日

5月18日，北京学界假座北河沿法科大学大礼堂，开郭君钦光追悼大会。郭氏本身患有肺病，五四游行，劳累致死，后学生为激励人心，将郭氏描述成因忧愤国事呕血而死。此后全国多地皆有追悼活动。图为追悼郭钦光时之情景。图片选自广角镜出版社编写：《五四运动》，香港：华风书局 1989 年版

追悼烈士

　　四日之役，奋袂先行，见当局下逮捕学生之令，愤然大痛，呕血盈斗。至法国医院，已有不起势。时有告以章宗祥已死者，尚能大笑以答。乃太息曰，国家濒危，政府犹以狮子搏兔之力，以压一线垂尽之民气；日政府待我留学诸君之事，不图乃见于生斯长斯之祖国，事可知矣。因益呕血。延至七日，溘然遽逝。

　　　　　　　　　　　《郭钦光君事略》，龚振黄：《青岛潮》，上海泰东图书局 1919 年版

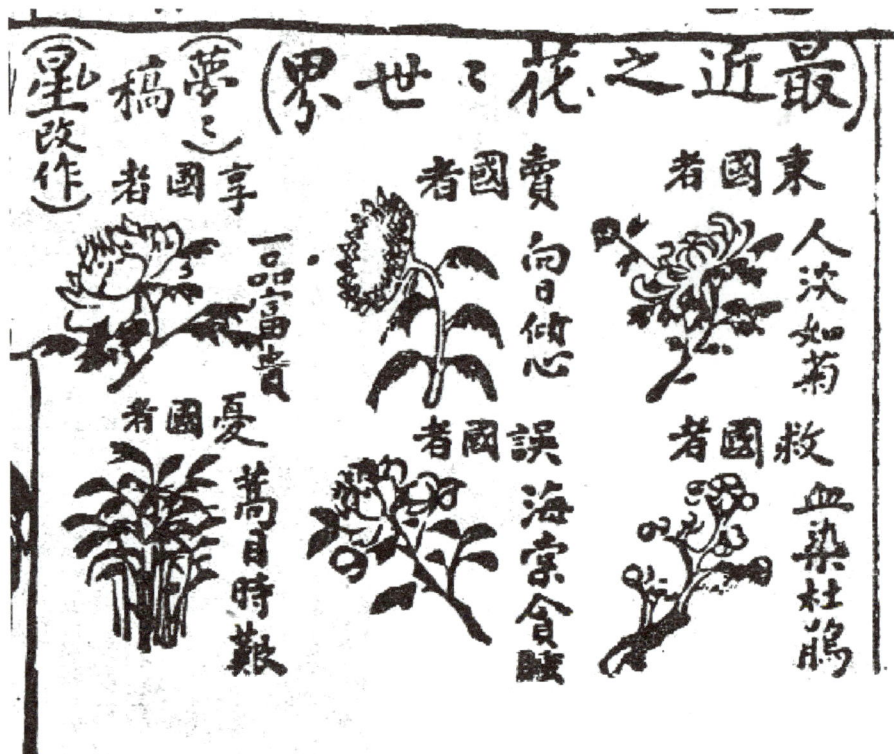

北京各校学生知政府挽留蔡、傅，并无诚意，安福系且图以胡仁源出长北大，田应璜继任教长，遂闻而大愤，乃开会决议自十九日起一律罢课。图为漫画《最近之花花世界》。图片选自海上闲人：《上海罢市实录》，公义社 1919 年

愤然罢课

学生忍无可忍，十八日开紧急会议，公决：十九日一致罢课，积极进行，务期贯彻初衷而后已。其罢课之宣言书，有三大失望之理由：（一）政府未表示山东问题不签字之明决态度，且勤于对内，无对外之决心。（二）政府对于国贼极称许，对于傅蔡诸公则相反，近且有离奇更换之主张，危及教育界之基本。（三）政府对于留东学生之被捕而不问，北京学生之呼号而不顾，反下令禁止学生集会言论及发行印刷品之自由，如临大敌。是以学生无可再忍，取罢课之手段，作最后之要求及运动，且望全国一致赞助。云云。

龚振黄：《青岛潮》，上海泰东图书局 1919 年版

云浮如视

氓民

学生罢课，宣言"三大失望"，同时上书徐大总统，提出"六项不解"，徐世昌视民意如浮云。图片选自《益世报》1919年6月1日，10版

上书总统

　　望我大总统本全国人之公意，对于青岛问题，出不签字之决心，以固国土；惩办曹汝霖、章宗祥、陆宗舆等，以除国贼；力挽傅蔡诸公回职，打消以田应璜长教育之议，以维教育；彻废警备学生明令，以重人权；向日政府严重抗议，释被拘学生，重惩日警，以重国权；恢复南北和议，速谋国内统一，以期一致对外。我大总统以国人之心为心，当能鉴此愚忧，俯允所请。

北京学生上徐总统书 1919 年 5 月 19 日

5月21日，总统下令以王怀庆代李长泰为步兵统领，欲以王氏"屠夫"之声名震慑学生。图为王怀庆像。图片选自刘北汜，徐启宪主编：《故宫珍藏人物照片荟萃》，紫禁城出版社1994年版

改任怀庆

至五月十三日，当局态度一变，由缓和而强硬，严令禁止集会讲演。步军统领改任王怀庆，王为酷吏，清末杀革命党，有屠户之称。令军警监视各校极严，且提狱中盗十余捆绑赴刑场，故绕道经各校门，以为打草惊蛇计。代表虽鼓其余勇，常集议地下室，群众则已瘫麻不能振作。

熊梦飞：《忆亡友匡互生》，《师大月刊》1933 年第 5 期

学生宣布罢课后，"为勉作政府后盾、团结团体起见，组织护鲁义勇队、十人团、讲演团及《五七日刊》"。
5月22日，代理总长职的教育次长袁希涛亲赴北京大学，劝学生复课。图片选自《益世报》1919年5月27日，
10版

次长疏通

时至下午三时半，袁次长同各私立校长及警备司令部虞处长同出席于学生联合会。……次袁次长演说，略谓："中国教育基础之危险，万不可使其再陷于摇动之地位。望学生务以顾全大局保持国家元气为重，故仍望即日上课。又演说团一层，诸生本为提倡民气起见，政府对于学生爱国热忱，极能谅解。惟地面秩序，万一因此发生问题，则爱国反以害国，尤望即日停止游行讲演，以防危险。"

龚振黄：《青岛潮》，上海泰东图书局 1919 年版

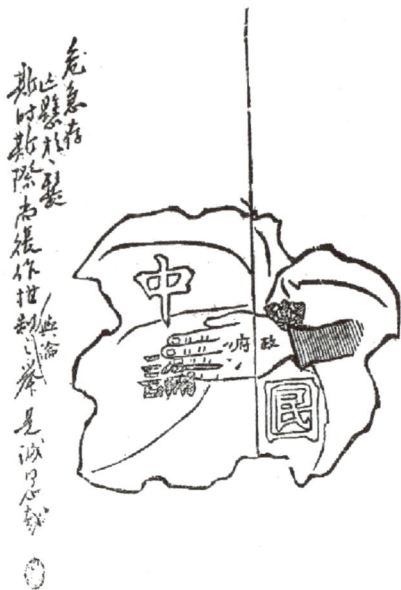

学生与政府各趋极端，无解决方法，而罢课之范围益扩大。6 月 25 日，徐大总统下令以遏"乱萌"，教育部亦限令学生三日内上课，学生对此置之不理。左图选自 *Millard's Review* August 23, 1919；右图选自《益世报》1919 年 5 月 26 日，10 版

强令复课

　　近日京师及外省各处，辄有集众游行演说、散布传单情事。始因青岛问题，发为激切言论。继则群言泛滥，多轶范围。而不逞之徒，复借端构煽，淆惑人心。于地方治安，关系至巨。值此时局艰屯，国家为重。政府责任所在，对内则应悉心保卫，以期维持公共安宁。对外尤宜先事预防，不使发生意外纷扰。着责成京外该管文武长官，凯切晓谕，严密稽察。如再有前项情事，务当悉力制止。其不服制止者，应即依法逮办，以遏乱萌。京师为首善之区，尤应注重，前已令饬该管长官等认真防弭。着即恪遵办理。倘奉行不力，或有疏虞，职负攸归，不能曲为宽假也。此令。

　　　　　　　　　　　　　　　　　　　　　　　大总统令 1919 年 6 月 25 日

6月1日，徐世昌下总统令，其中有为曹陆章辩护。图片选自《民国日报》1919年6月3日，12版

一味庇曹

　　迨民国四年，发生中日交涉，我政府悉力坚持，至最后通牒，始与订立新约，于是有交还胶澳之换文。至济顺、高徐借款合同，与青岛交涉，截然两事；该合同规定路线，得以协议变更；又有撤退日军，撤废民政署之互换条件；其非认许继续德国权利，显然可见。曹汝霖迭任外交财政，陆宗舆、章宗祥等先后任驻日公使，各能尽维持补救之力，案牍具在，无难复按。在国人不明真相，致滋误会，无足深责。惟值人心浮动，不逞之徒，易于煽惑，自应剀切宣示，俾释群疑。

大总统令 1919 年 6 月 1 日

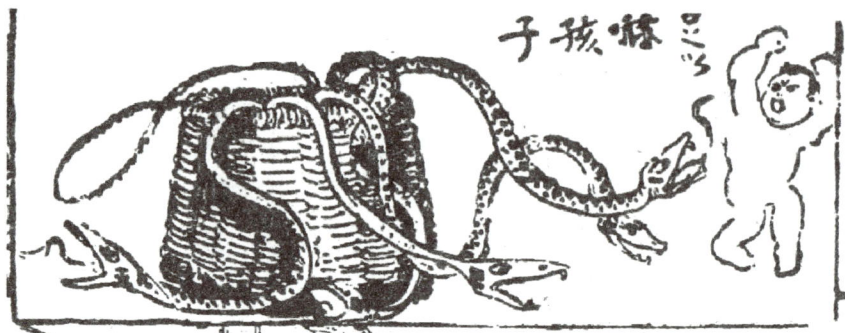

学生对限三日复课的命令视而不见，6 月 1 日，徐世昌严令学生"即日一律上课"，以为放出"军警"的猛虎毒蛇，就能将学生吓倒，不料反激起更大的波澜。图片选自海上闲人：《上海罢市实录》，公义社 1919 年

勒令复课

国家为储才计，务在范围曲成，用宏作育。兹以大义正告诸生，于学校则当守规程，于国家则当循法律。学校规程之设，未尝因人而异。国家法律之设，亦惟依罪科罚，不容枉法徇人。政府虽重爱诸生，何能俯弃法规，以相容隐。诸生勤业有年，不乏洞明律学之士。诚为权衡事理，内返良知，其将何以自解。在京着责成教育部，在外着责成省长暨教育厅，警饬各校职员，约束诸生。即日一律上课，毋得借端旷废，致荒本业。其联合会、义勇队等项名目，尤应切实查禁。纠众滋事，扰及公安者，仍依前令办理。政府于诸生期许至重。凡兹再三申谕，固期其有所鉴戒，勉为成材。其各砥砺沥磨，毋负谆谆告诫之意。

大总统令 1919 年 6 月 1 日

陆

通国共愤浪滔天

追徐氏颁命之次日，北京学生联合会议决由 6 月 3 日起，各校学生分三天分批外出演讲。图为"六三"时北京学生在街头讲演之情形。Sidney D. Gamble 摄，图片选自《三联生活周刊》2009 年第 36 期

街头演讲

三日上午加倍出发的讲演员却依旧鼓起精神，分途出发。一时北京市上差不多没有一条胡同没有立地演讲的学生，同时却也没有一条胡同没有干涉演讲和逮捕演讲学生的警察。被捕的学生初由各地警察押送到各警察分局分所，而那些学生就在各分局分所对着看守的警察演讲起来，讲演的学生大都"垂泪而道"，而听讲的警察亦大都"掩面而泣！"甚至于有深表同情于学生而大骂那些卖国贼段徐曹章辈的。

匡互生：《五四运动纪实及其他》，自由社刊行 1937 年版

6月3日，学生演讲之时，军警加以逮捕，先解到附近的警察分局集合，然后由保安队武装兵每两人夹一个被捕学生解送到北河沿北京大学法科拘留起来。图为军警押捕学生，学生边走边振臂高呼之情形。图片选自罗家伦：《逝者如斯集》，台北：传记文学出版社1967年版

六三拘捕

上海各报馆转各界钧鉴：今日学生游行讲演，各校之出发者九百余人，被捕者一百七十八人。北京大学法科已被军警占住，作为临时拘留所，拘囚被捕学生于内，校外驻扎兵棚二十，断绝交通。军警长官对于学生任意侮辱，手持国旗，军警夺而毁之，讲演校旗，亦被撕掷。……学生等文弱，拘囚搒掠，任彼军警之所为，一日不死，此志勿夺，杀贼杀敌，愿与诸君共勉！北京中等以上学生联合会叩。肴（三日）

北京学生联合会通电 1919 年 6 月 3 日

6月4日，学生继续出动演说，军警继续拘捕学生。左图选自《益世报》1919年6月9日，10版；右图选自海上闲人：《上海罢市实录》，公义社1919年

誓不反顾

　　昨日（6月4日）各校学生仍四出讲演，被捕者较前此尤多，大约有七八百人之谱。综合前后，已达千人以上，各讲堂遂有人满之患。乃更拓理科大讲堂为补充之地，因之而理科大学昨日亦成为拘留所矣。

　　……

　　又一消息云，昨日午前十一时北京大学学生讲演第九团游街演说。至哈德门大街，有警察数人，始而劝解，继而强压。警察约二十人一排，蜂拥而来。并有步军统领所属之兵二名，将听众遣散，学生等又被斥去。至十二时，该学生等又在会门首演说，听者甚众，警察呼止不肯，旋有骑兵三十余名驰至，遂将学生等捕去。

《愈闹愈大之学界风潮》，《晨报》1919年6月5日，2版

6月4日，北京女学生为声援被捕学生，整队前往总统府游行请愿，这是北京女学生第一次走上街头。
图片选自汪荣祖编：《五四研究论文集》，台北：联经出版事业公司 1983 年版

女生请愿

（四日）下午二时，北京十五女校，在石驸马大街女子师范学校开北京女学生联合会，决议对于连日各男校学生被捕事件，请愿政府，速行释放，并请以后对于学生演讲，勿加干涉。遂公同拟定请愿书，全体携带赴公府，面递徐世昌。三时十五校女生，约六百人，齐集天安门，整队赴府求见。当由徐世昌派秘书二人，接见女生五代表。该代表等，陈述全体女学生界请愿之意思，并将请愿书交该秘书转呈徐氏。秘书答谓，来意即当面陈总统，一星期内自有答复。女生代表反复陈述。词意极为恳挚，闻秘书等亦颇为所动。女生全体于四时许退出公府，各散归本校。

粤东闲鹤编：《曹汝霖》，华民书坊 1919 年版

由于被捕学生太多，军警遂以北大法科、理科为监禁场所。图片选自《传记文学》第 34 卷第 5 期

支帐驻守

四日晚上天气忽然大变，大风大雷大雨，竟把一个首善的京城，闹成了黑暗的世界，尘土大起，飞沙走石之中，看见多少学生，对着路上的行人演说。电光闪闪，隐隐约约之中，看见二十个帐棚，把大学法科团团围住，这就是北京大学改作学生拘留所的那一天晚上的情形。

《军警压迫中的学生运动》,《每周评论》1919 年 6 月 8 日

6月4日，代理北京大学校务的工科学长温宗禹和北京各学校校长联名呈文国务院请撤军警。图片选自《民国日报》1919 年 6 月 8 日，12 版

请撤军警

学生犯法，不能罪及学校。况学校为国家永久作育人才之地，非政府随意执行刑法之地。今以军警包围学校，决非正当办法，区区一法科不足惜，如教育前途何！如行政司法前途何！始因外交问题牵动学界，复因学界问题累及司法、累及行政，治丝而棼，恐无甚于此者。……尚祈采纳微言，迅撤军警。教育幸甚，国家幸甚。

北京各校长上国务院的呈文 1919 年 6 月 4 日

6月4日晚，钱能训召集全体阁员等在私宅筹议学潮善后办法，决定以傅岳棻代袁希涛，并商请军警机关尽撤军警。图片选自《益世报》1919年6月7日，10版

阁议禁捕

五日的国务会议，商议对付学生的方法。大家都说："学生行动，尚没有过于激烈的地方，若是一味的捉拿，越捉越多，恐怕要惹出别省的反响，不如拿平和方法对待为是。"

《军警压迫中的学生运动》，《每周评论》1919年6月8日

6月5日午后，军警忽撤，学生不肯出禁，学生联合会商议决议：（一）质问政府学生有罪否？如果有罪请即惩办，否则惩办逮捕学生之人。（二）要求政府惩办国贼。（三）要求政府许可游行演说。图为漫画《借他邪气，鼓我正义》。图片选自《民国日报》1919年6月5日，12版

军警顿撤

歌（五）日出发讲演者共计五千余人，政府未施逮捕，仅以军警四面驱逐。歌日午后，防守学生之军警，忽然全数撤去。然政府自为儿戏，而学生无端被拘，决不能自行散去，致蹈逃法之咎。惟此次蹂躏教育，破坏司法，侵犯人权，蔑弃人道，种种不法行为……，学生等一面质问政府何以处置军警，一面仍应亟筹应付国仇国贼之道。

学生通电 1919年6月5日

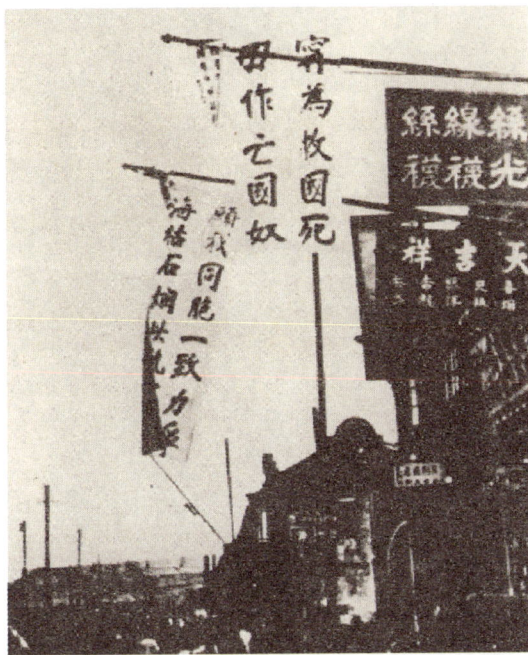

北京大举逮捕学生之警电传来,上海遂于五日晨八时许,开始罢市,初尚限于华界之南市及闸北,继而延及英、法两租界,至十一时全体一律罢市,银钱业亦停止营业。上图为西捕印捕驾修理电线之有梯汽车,取去各店所悬爱国表示之旗帜的漫画。图片选自海上闲人:《上海罢市实录》,公义社1919年版;下图为上海街头悬挂的爱国标语。注意,其中"宁为救国死,毋作亡国奴"这十个字或是后来书写上的(一、字竟出乎竿上,二、其时有风,而字却平展)。另一标语文字为"愿我同胞一致力争,海枯石烂此仇不忘"。图片选自中国历史博物馆编:《中国近代史参考图录》下,上海教育出版社1984年版

上海罢市

北京教育会、总商会、各报馆;各省省议会、教育会、商会、各公团、各报馆鉴:

北京政府庇护国贼,主签亡国条约,北京学生为国请命,突被滥捕毒刑至四百余人之多,高压毒手,显非空言所能挽回。此间工商界于本日起一律辍业,与学界一致进行。卖国贼存在一日,商工学界即辍业一日,誓不反顾,乞与应援。上海商学工报联合会叩。歌。

上海商工学报界紧急会议6月5日电文,吴中弭编纂:《上海罢市救亡史》,上海中华国货出版社1919年版

举国骚然

自上海商民全体罢市后，风声所播，内地各处均接踵而起，如南京、宁波、杭州、苏州、常州、无锡、松江、扬州、镇江、芜湖、安庆、九江、武汉等商业大埠，皆先后罢市。沪宁、杭甬铁路火车停驶，轮船水手及码头工人均罢工，工商咸陷于瘫痪状态。而北方之天津、济南，俱相继罢市。此外如鲁、如晋、如陕、如豫，以及浙、赣、粤、闽、川、湘等省，有罢学而未罢市者，有先罢学而后罢市者，有罢学罢市并举者。南京、武汉、福州且有军警与学生冲突，殴伤逮捕之事。风潮鼓荡，震撼全国。

沈云龙：《徐世昌评传》，台北：传记文学出版社1979年版

军警虽撤，但被拘禁的学生坚守不出，6 月 7 日，嗣经徐世昌、钱能训先后派遣曾彝进、秦汾前往慰劳，各界携带食品馈赠者亦伙，形势稍趋缓和。图片选自《益世报》1919 年 6 月 19 日，10 版

派员道歉

七日，大总统特派参议曾彝进偕教育部专门、普通两司长前往道歉，略谓政府对于诸君此次爱国举动处置失宜无可讳言，今日特派余等代表政府对诸君道歉，愿诸君回校休养。又谓诸君此次被拘，在此时间犹能严守秩序，有美完之组织，足征诸君学有根基，斯实教育之效果，余等办教育者观此亦足自豪。不过尚有一言为诸君进者，夫政府之不良，由于无良好之社会，今诸君反对不良之政府，而不思改造社会亦非计之得也。

杨亮功：《五四》（中），《传记文学》第 34 卷第 6 期歡迎，歡迎，歡迎 戰士，　　今日 齊歸 來。

受了 辛苦，還要 奮鬥，　　精神 終不 改。

揮動 旗幟，整齊 步伐，　　我們 在期 待，

萬千 青年，一齊 歡呼，　　拍手，齊奏 凱。

幸喜 今日，你們 歸來，　　力量 加百 倍。

聽！巴黎 和會 消息，　　外交 大失 敗，

看！國賊 依然 當道，　　前途 多阻 礙。

我 們是 民衆 先鋒　　責任 推不 開，

挽救 危亡，改進 文化，　　創造 新時 代。

若长此自封，不出校门一步，实无何等意义，有人提议，与其死守，何如到公府效申包胥七日之哭，于是，"自禁"的学生，决定6月8日返校。图为"欢迎爱国犯出狱之歌"。图片选自蔷薇园主编订：《五四历史演义》，上海读书生活出版社 1937 年版

学生返校

闻其出发之先，有各校代表多人预来欢迎，彼此相见，悲喜交集，因摄影以为纪念。又有军乐队奏乐，临行时，大众齐呼万岁者三：（一）中华民国万岁。（二）中国学界万岁。（三）北京大学万岁。呼毕整队出发。闻各校举定总司令一人，指挥一切，沿途秩序井然，且行且呼万岁，夹道市民亦应声而呼。其发扬蹈厉之景象，得未曾有。队中并制有各种旗帜，上有"欢迎被拘同学"等等字样。

粤东闲鹤编：《曹汝霖》，华民书坊 1919 年版

柒

△
▼

除贼抗霸从民意

半生幽秘
百世家财
油干蜡尽
乘势下台

北京政府有鉴于事态之严重，非接纳全民要求无可挽回，始继释放被拘学生之后，由徐氏于十日令准交通总长曹汝霖、驻日公使章宗祥、币制局总裁陆宗舆三人免职。图为讥曹陆章下台的漫画。"半生幽秘，百世家财。油干蜡尽，乘势下台。"图片选自《益世报》1919 年 6 月 16 日，10 版

免曹陆章

　　令下之日，合肥即来团城气呼呼地说，没有辞职（按，曹于 5 月 5 日提出过辞职），而捏造辞职照准之令，命令亦造谎言，天下尚有公论是非吗！东海为人敦厚，以前举动，亦许不是出之他意，这次命令，他尚能辞其责吗？此次学潮，本已平息，那班破靴党，以没有达到目的，又利用街头演说，鼓动起来，扩大到各处，惟恐天下不乱，东海知而不加制止。尤其对你们，为他冒大不韪，借成日债，这种举动，真所谓过河拆桥，以后还有何人肯跟他出力？他对我作难竟累及你们，良心何在，岂有此理！说罢不等我答复，竟悻悻然而去。

　　　　　　　　　　曹汝霖：《曹汝霖一生之回忆》，台北：传记文学出版社 1970 年版

徐世昌以欧洲和会及南北和议问题，俱感棘手，遂于 10 日晚咨行国会参、众两院辞职，11 日下午众院开会，多数皆以将咨文退还为妥，散会之后，遂由李盛铎、王揖唐同车赴公府退回咨文并极力慰留，同时又发出通电一道。图为徐世昌像。图片选自张筱强，刘德喜，李继锋等：《图片中国百年史》上，山东画报出版社 1994 年版

东海请辞

本日大总统咨送盖用大总统印文一件到院，声明辞职。查现行约法，行政之组织，系责任内阁制，一切外交内政，由国务院负其责任，大总统无引咎辞职之规定。且来文未经国务总理副署，在法律上不生效力。当由盛铎、揖唐即日恭赍缴还，吁请大总统照常任职。恐有讹传，驰电奉闻，敬希鉴察！参议院议长李盛铎，众议院议长王揖唐。

《东海辞职之波澜》，《申报》1919 年 6 月 14 日，7 版

6月11日晚，陈独秀来到新世界游艺场楼顶，抛撒发他起草的《北京市民宣言》，宣言提出五项"最后最低之要求"，并称"倘政府不顾和平，不完全听从市民之希望，我等学生商人劳工军人等，惟有直接行动，以图根本之改造"。随后陈被捕。图为新世界旧址。图片选自彭明：《五四运动史》，人民出版社1984年版

独秀被捕

世界文明发源地有二：一是科学实验室，一是监狱。我们青年要立志出了研究室就入监狱，出了监狱就入研究室。这才是人生最高尚优美的生活。从这两处发生的文明，才是真文明，才是有生命有价值的文明。

陈独秀：《研究室与监狱》，《每周评论》

1919年6月8日

6月12日，确知曹陆章免职令下之后，上海次第开市。图为开市日店铺志庆之情形。图片选自《东方杂志》第16卷第7期

次第开市

（十二号）八时后，（江苏交涉员杨小川等）各乘汽车，由该会（北市总商会）出发，至河南路（大马路）下车，挨户敲门，劝人开市，应者仅有少数。其余各商店遂于九时假后马路前红十字会之旧址，开会讨论开市问题。经某君说明命令决难伪造，遂公决即日启市，惟必须学生联合会有人到场，方可开市。乃由学生会会长何葆仁、彭昕、狄侃，某学校代表李平、瞿允之诸人，会同邹静斋、曹慕管、郭建候、袁履登，交涉公署外交科长陈震东、上海县熊警佐，择其未开者，前往劝说，请其开门。于是次第启门应市。华界及美法各界，亦均次第开市。不数时，全埠已恢复原状矣。

海上闲人：《上海罢市实录》，公义社1919年版

曹、陆、章免职令下之翌日，国务总理兼内务总长钱能训即引咎辞职，13日，辞职令得以批准。图为钱能训像。图片选自刘北汜，徐启宪主编：《故宫珍藏人物照片荟萃》，紫禁城出版社1994年版

总理引退

六月十三日大总统令

国务总理兼内务总长钱能训迭呈辞职，情词恳挚，钱能训准免本职，此令。

又令，特任龚心湛暂兼代理国务总理。此令。

《申报》1919年6月15日，4版

巴黎和会虽牺牲中国利益，但拒绝签字的同时也意味着放弃应得利益及保障，因此，政府主张"毅然全约签字"，然国内舆论，一致坚拒签字，政府左右为难。图片选自《益世报》1919 年 7 月 4 日，10 版

签还不签

欧会成立以来，经过详情，业经咨达国会在案。原拟原约签字，惟提出关于胶澳各条，声明保留此项，原属不得已办法。但体察现情，保留一层，已难办到，于日、德间应有效力，并不变更，而日人于交还一举，转可借端变计，是否与我有利，此中尚待考量。若因保留不能办到，而并不签字，不特日、德关系不受牵制，而吾国对于草约全案，先已明示放弃，一切有利条件及国际地位，均有妨碍，故为两害从轻之计，仍以签字为宜。

《徐世昌辞职咨文》1919 年 6 月 11 日，《申报》1919 年 6 月 14 日，7 版

6月16日下午二时，各省各埠学生代表在上海召开全国学生联合会成立大会，翌日，致电北京政府誓不承认和约签字。图为全国学联成立时全国学生代表的摄影。图片选自张海鹏：《简明中国近代史图集》，长城出版社1984年版

全国学联

　　（六月十六日）三时振铃开会。（一）由段锡朋主席演说。（二）由各生唱歌。（三）请全场人士向国旗三磬折。（四）唐炳波英文演说，语调甚流畅。（五）黄任之代表教育界演说。（六）西宾兰金君演说。（七）蒋梦麟答词。（八）西宾克乐福演说。（九）商界代表卢炜昌等二人相继演说。（十）工界代表求新厂吴琢之等二人连续起言。（十一）邵仲辉君代表报界致词。（十二）何葆仁演说。（十三）许德珩演说。（十四）主席致谢词，请各进茶点，乃偕至屋顶天韵楼下摄两影为纪念。时正下午五时三十分云。

节自《全国学生联合会成立纪事》，《申报》1919年6月17日，11版

大總統鈞座敬呈者竊見魯代表等又因
簽字問題環集新華門求見同時上海開
又有拒絕簽字之舉動外交事秘
政府負責理宜靜候以策萬全惟是民
氣之激烈由於黨爭之挑動既動之後不
可復靜補救之方惟有利導民國以民為
主體為今日號召者之恆言全國既拒絕
簽字

鈞座儘可表示不簽以徇其求一面電徵各
督意見并交院議再行決定將來外患國
民應同負責屆時即使束手無策
鈞座亦可告無罪於國民而此時之內閣
亦可暫息前清以鐵路國有致亡民國元
年鐵路國有民無異議豈真民為主體
利庄民哉無挑動之者民氣自平耳建議
不隸黨派濫竽開曹向不越俎言事惟

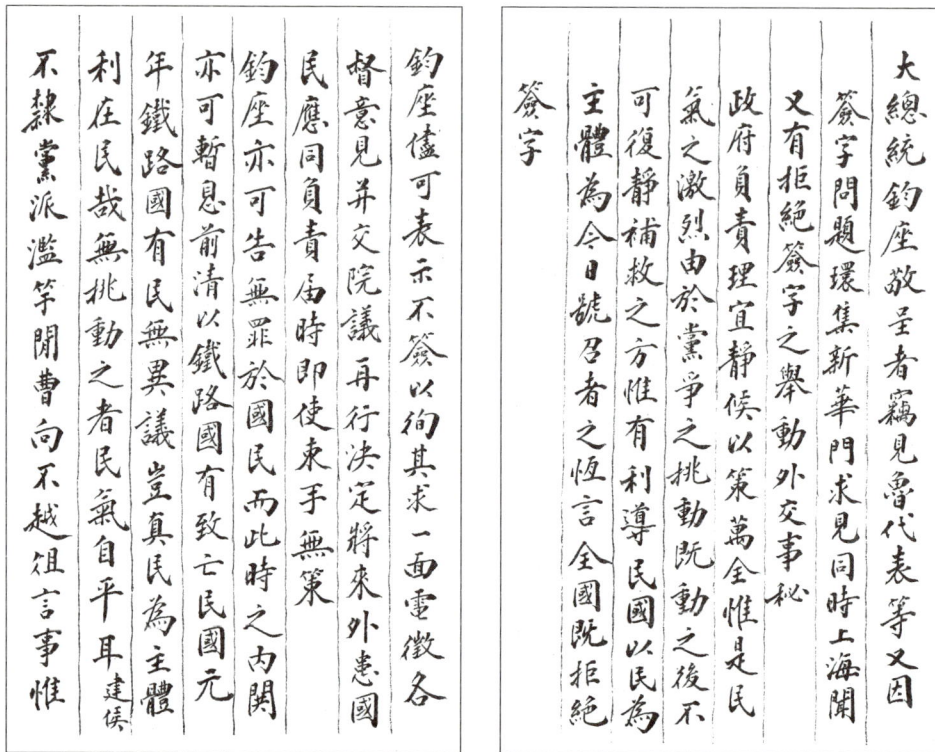

6月20日，山东各界公举代表赴京向总统府呈递拒签和约、废除顺济、高徐铁路草约、严惩国贼的请愿书。27日，国务院二次批文，民众始满意而归。图为统计局帮办徐建候就鲁民请愿建议徐世昌以顺民意而免其责函（部分）。图片选自林开明，陈瑞芳等编：《天津市历史博物馆藏北洋军阀史料·徐世昌卷》9，天津古籍出版社1996年版

鲁人请愿

该代表等关怀桑梓，注重国权，所述特为痛切。此次欧会和约，政府以关于山东问题各条，最为重要，迭经电饬专使，悉力争持。近据专使等电述保留一节，尚在多方进行。所有各代表等陈请不能保留即拒绝签字等情，昨亦电达专使遵照在案。国家领土主权，断难丝毫放弃，政府与国民主张，初无二致，无论如何，必将胶澳设法收回，此则夙具决心，可为国民正告者也。所称高徐、顺济路约一节，查该路原系草约，自必多方磋议，力图收回，断不续订正约，以慰群望。至中日二十一条密约，及高徐、顺济路约经过情形，案牍具在，前经择要宣布。共和国家，一切措施，悉当准诸法律，必有确实证据，乃受法律制裁。

国务院批书，《东方杂志》第 16 卷第 18 号

6月24日，全国学生联合会为报载北京政府已电令代表签字发表紧急宣言。图片选自《益世报》1919年7月20日，10版

紧急宣言

嗟呼！国者，我四万万同胞公共之国也，与邻国缔结约，须得代表我四万万同胞之民意机关之同意也。我国而沦于亡，置全国民意于不顾，我四万万同胞所不能承认也。风雨骤矣！祸患亟矣！一发千钧，危险万状，我四万万同胞亟起图之！

《民国日报》1919年6月25日，10版

6月27日，巴黎和约签订前一日，京、津学界各团体联合留日归国学生公推代表五百余人，前往总统府请愿。图为总统府前请愿场景。图片选自班鹏志：《接收青岛纪念写真》，商务印书馆 1924 年版

各界请愿

（6月27日）北京各团体公举代表五百余人，排队举旗，进总统府请愿。另备公呈要求三款：（一）不保留山东，则和约决不签字，（二）决定废除高徐顺济两路草约，（三）立即恢复南北和会。当由代理总理龚心湛、教育次长傅岳棻接见，各代表因未见总统，全体在新华门外露宿。次日始由徐总统传见，并即由国务院发出批令。略谓所陈三事，政府具有决心，亟应竭力进行以慰众望，艰难困苦，当与国人共之云云。

《东方杂志》第 16 卷第 18 号

玉帅通电

　　某等眷怀祖国，义愤填胸，痛禹甸之沉沦，悯华胄之奴隶，圣贤桑梓，染成异族腥膻；齐鲁封疆，遍来淫娃木屐；虽虺蛇已具吞象之野心，而南北尚知同仇以敌忾。与其一日纵敌，不若铤而走险。与其强制签字，贻羞万国；毋宁悉索敝赋，背城借一。军人卫国，责无旁贷，共作后盾，愿效前驱。彼果实逼处此，我军人即应为困兽之斗也。惟恳我政府以民意为从违，以军心为依据，坚持到底，万勿签字。

《吴佩孚痛驳签字通电》，《民国日报》1919 年 6 月 28 日，2 版

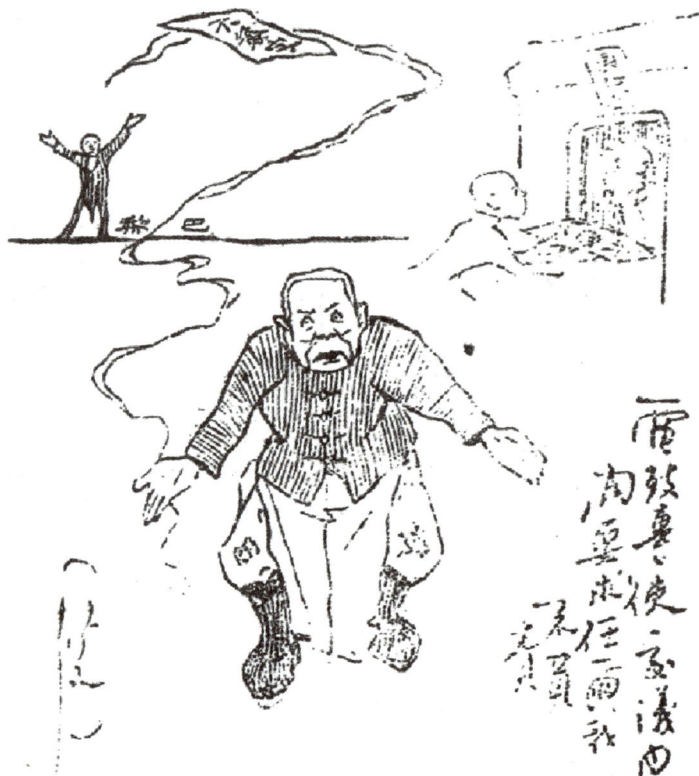

6 月 28 日，中国代表拒签对德和约。至此，五四运动所追求的"内除国贼，外争主权"两项任务完全达成。图片选自《益世报》1919 年 6 月 30 日，10 版

诡异电谕

直到六月二十八日下午，中国代表已经拒绝出席和会全体会议之时，代表团从未收到北京关于拒签的任何指示。就任新内阁外交总长的陆徵祥觉得如此重大事件不应由他个人决策，请总统和总理就签字一事给予明确训令。但北京政府却电谕陆总长自行决定。六月二十六日或是二十七日，陆总长再次电请北京给予特别训令。由于代表团所接训令一直为"签字"，所以陆为加强自身地位计，呈请北京务必作出拒签决策。到二十七日下午，事情已经一清二楚，甚至"将保留附于约后"也已注定无望。经将有关情况再次电呈北京，说明此种情势之下只有拒签为宜，望政府重新指示。发出此电之后，我们接到北京复电称，北京早些时候曾有电谕，而奇怪的是巴黎何故不曾收到。这一电报实际上是指令代表拒绝签字。电报于六月二十八日下午到达，我想是三点钟左右，那已在和会最后会议结束之后了。到那时候还来了电报，实可惊异。

顾维钧遗稿:《巴黎和会的历史真相》下,《传记文学》第 75 卷第 2 期

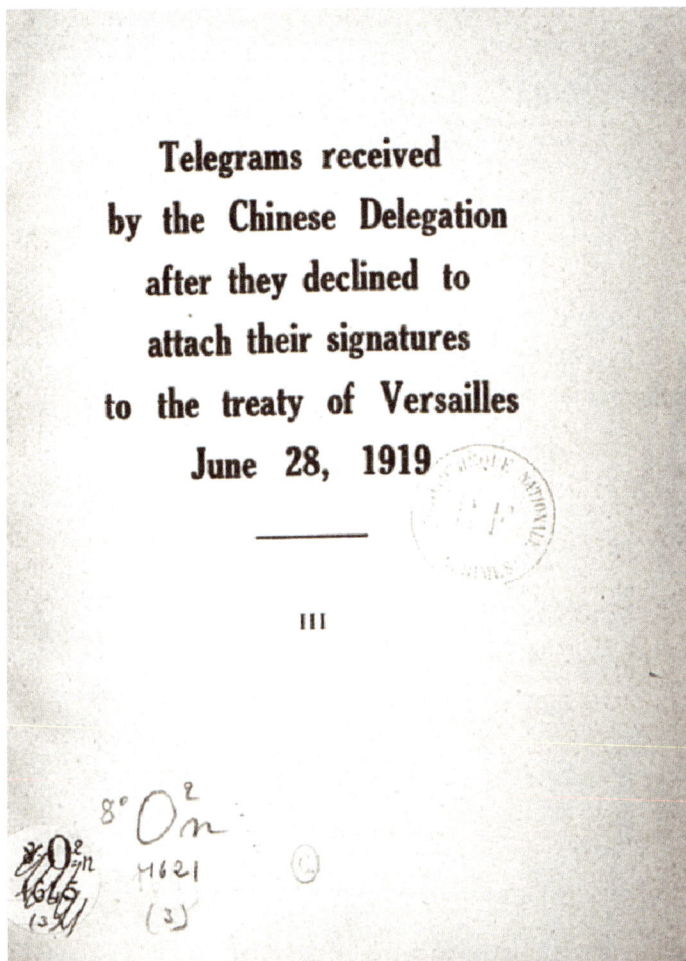

终战布告

我中华民国于六年八月十四日，宣告对德国立于战争地位。主旨在乎拥护公法，维持人道，阻遏战祸，促进和平。自加入战团以来，一切均与协约各国取同一之态度。现在欧战告终，对德和约业经协约各国全权委员于本年六月二十八日在巴黎签字。各国对德战事状态，即于是日告终。我国因约内关于山东三款未能赞同，故拒绝签字。但其余各款，我国固与协约国始终一致承认。协约各国对德战事状态既已终了，我国为协约国之一，对德地位当然相同。兹经提交国会议决，应即宣告我中华民国对于德国战事状态，一律终止。凡我有众，咸使闻知。特此布告。

大总统布告 1919 年 9 月 15 日

大總統鈞厘敬呈者竊以家母生辰渥荷

榮頒珍品

五光十色

施文綺以章身七月初秋緝

薰絃之解愠

碧果出上蘭之種芳比賜櫻

紅綾是仙傳所儲馨同剝棗凡此

之篇心比間雲常切藿葵之向專呈

敬謝伏維

鈞鑒 曹汝霖謹呈

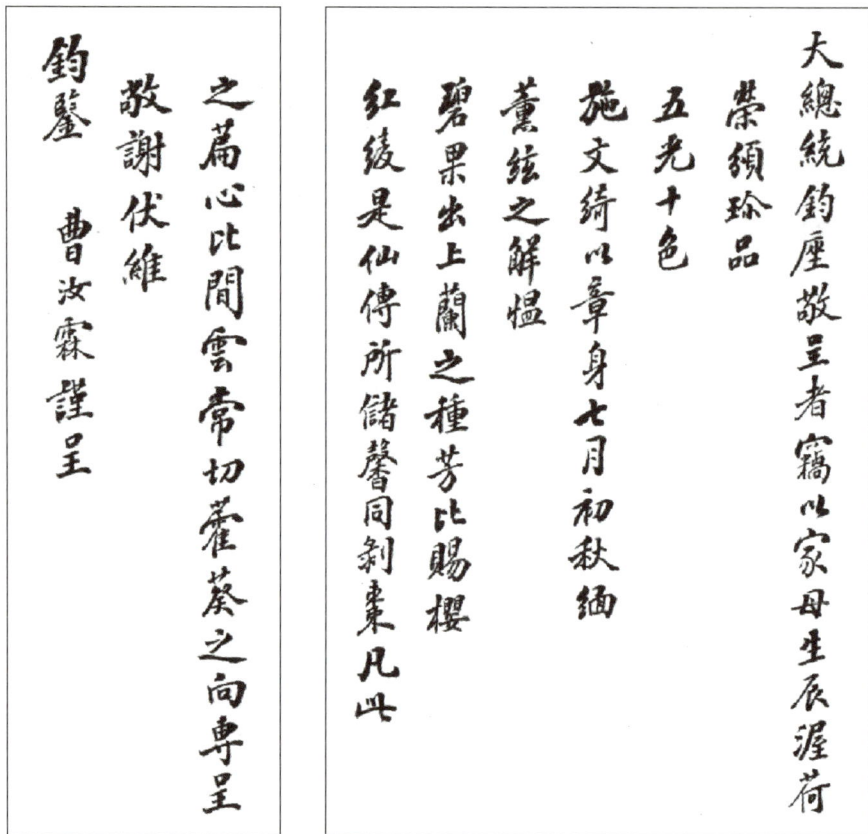

罢免"三贼"实非政府意愿，尔后，徐世昌为曹汝霖母寿颁礼。图为1919年7月，曹汝霖为家母生辰渥荷荣颁珍品致徐世昌函首末两页。图片选自林开明，陈瑞芳等编：《天津市历史博物馆藏北洋军阀史料·徐世昌卷》9，天津古籍出版社1996年版

汝霖谢恩

我住团城数天后，东海忽傍晚驾一叶扁舟，由北海登城而上。我适在沁春亭，他直入亭中，时已夕阳西下，清风徐来，他说这里很凉快。又下亭同到前院，经过玉佛殿，说玉佛还是暹罗进贡的。见古栝数十株，他说这俗名白皮松，只有北方有，团城特别多。且走且说，我留一小舟，在城下北海，可驾游北海。北海鱼种很多，亦可垂钓消遣。又问你带书本来没有？答没有。他说，可送些书来，供你解闷，你有所需，打电话给秘书厅好了。走到北海边，即乘小舟而去。他谈笑如常，对学生事，一字不提，避开现实，真老于世故者也。

曹汝霖：《曹汝霖一生之回忆》，台北：传记文学出版社1970年版

为国勿废力学，力学勿忘为国。7月22日，学生发表终止罢课之宣言。图片选自《益世报》1919年6月12日，10版

终止罢课

　　特吾人此举，本属为国，而为国要图，尤在力学。为国勿废力学，力学勿忘为国，二者相成，斯为上策，若竟逐末舍本，则学事久荒，国风凌替，自误误国，又何取焉。今国民之期望弥殷，宿者之责难备至，长此因仍，何以自解。特敬谨宣言，自今终止罢课。

《学生终止罢课之宣言》1919年7月22日

1919 年 8 月，蔡元培发表《告北京大学学生暨全国学生书》，呼吁学生脱身政治问题，恢复原状，专研学术。左图为任北大校长时的蔡元培像。图片选自孙常炜编：《蔡元培先生全集》，台北：台湾商务印书馆股份有限公司 1968 年版；右图为《蔡校长告本校学生暨全国学生书》。图片选自《北京大学日刊》1919 年 7 月 23 日，4 版

专研学术

诸君以环境之适宜，而有受教育之机会，且有研究纯粹科学之机会，所以树吾国新文化之基础，而参加于世界学术之林者，皆将有赖于诸君。诸君之责任何等重大！今乃为参加大多数国民政治运动之故，而绝对牺牲之乎？抑诸君或以唤醒同胞之任务，尚未可认为完成，不能不再为若干日之经营，此亦非无理由。然以仆所观察，一时之唤醒，技止此矣，无可复加。若令为永久之觉醒，则非有以扩充其知识，高尚其志趣，纯洁其品性，必难幸致。

蔡元培：《蔡校长告本校学生暨全国学生书》，
《北京大学日刊》1919 年 7 月 23 日，4 版

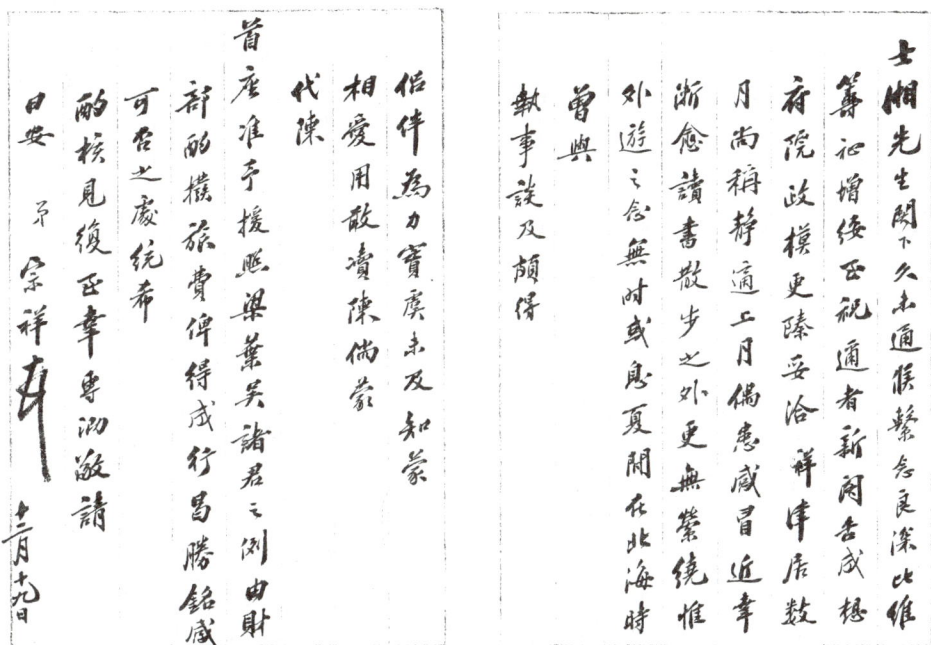

1919 年 12 月，章宗祥为出洋考察致函吴笈孙，请代陈徐世昌援例由财政部酌拨旅费。图为此信函的首末两页。图片选自林开明，陈瑞芳等编：《天津市历史博物馆藏北洋军阀史料·徐世昌卷》9，天津古籍出版社 1996 年版

宗祥欧游

　　祥意在以个人资格考察大战后之政治社会情形，冀得目击最新各种问题为国家贡献，一面并借以疗养病躯，颇欲私费周游，而各国物价昂腾，同行尚须侣伴为力，实虞未及，知蒙相爱，用敢渎陈。

《章宗祥为出洋考察请代陈徐世昌援例由财政部酌拨旅费致吴笈孙函》

1919 年 12 月 19 日

捌

五四功成万古传

图片选自《益世报》1919 年 4 月 3 日，10 版

民族觉醒

　　五四运动是大战后中华民族自求解放斗争的第一个雄伟的巨浪，是千百万人民反对日本帝国主义的民族觉醒的勃起，是中国最后二十年来壮烈的反抗日寇侵略的神圣斗争的发轫。五四运动继承着太平天国、黄花岗烈士、辛亥革命的灿烂的革命传统，而把斗争的锐锋直指着处心积虑欲求灭亡我民族的日本帝国主义强盗。

　　　　　　　　　　新华日报社：《纪念五四》，《新华日报》1938 年 5 月 4 日，1 版

Asiatic Monroe Doctrine.

日本自明治维新以来，侵略大陆即为其根本国策。图为漫画《日中则昃，腹满则裂》，图片选自《上海泼克》

侵略国策

吾人就历史的事实，认定日本扩张其政治经济……为日本之传统的政策。而达此目的之方法，则惟武力及政治压迫是赖……五十年前，标榜开国进取而起之维新志士，亦无不以侵略大陆为根本政策。大木氏日俄联盟瓜分中国，西乡氏征韩以窥大陆之谋，实为代表。故侵略大陆者，日本之传统的政策，一切对华方针之基础也。中国国家及国民之利害，与日本不能两存之原，盖在乎此。

《张继何天炯戴传贤告日本国民书》1919 年 5 月 8 日

图片选自《益世报》1919 年 5 月 28 日，10 版

为何仇你

　　你们想想，为什么要受中国人的仇视呢？为什么中国人要仇视你们呢？最远的原因，是甲午的一仗，你们日本的军阀，把中国打败了，弄得中国人卧薪尝胆的切齿痛恨，最近的原因，就是你们的军阀，勾通中国的军阀，订了许多条约，如今又硬要把中国的青岛占据，做你们的军阀掳获品。中国弱到极点了，你们的军阀，都天天来欺凌侵伐，那也怪不得我们要仇视你们。

舍我：《中日真正的亲善》，《每周评论》1919 年 5 月 18 日

奋起自图

现在日本在万国和会要求并吞青岛，管理山东一切权利，就要成功了！他们的外交大胜利了！我们的外交大失败了！山东大势一去，就是破坏中国的领土！中国的领土破坏，中国就亡了！所以我们学界今天排队到各公使馆去要求各国出来维特公理，务望全国工商各界，一律起来设法开国民大会，外争主权，内除国贼，中国存亡，就在此一举了！

今与全国同胞立两个信条道：

中国的土地可以征服而不可以断送！

中国的人民可以杀戮而不可以低头！

国亡了！同胞起来呀！

《北京全体学界通告》1919 年 5 月 4 日

图片选自《益世报》1919 年 4 月 3 日，10 版

我死国生

（章宗祥十二岁的堂弟章宗传）自述其志如下：立志表，又名章宗传之座右铭；进忠良而弃奸佞，灭日本而兴祖国，弃我身而致力国家，是我之志也。我身体弱而不能为将，虽然，我亦必死而后已也。夫关壮穆、岳武穆之志，亦惟此数字耳，惟能行之耳。章宗传必行此数言，汝毋为奸臣，汝亦毋忘此数言。中华民国八年十一月十三日即阴历九月廿一日，时年十二岁。

沈宗瀚：《沈宗瀚自述》，台北：传记文学出版社 1984 年版

愤气蓬勃。图片选自《益世报》1919 年 4 月 3 日，10 版

与汝偕亡

　　吾中国抑又非朝鲜之比，贵国而诚欲灭吾中国也，则请先准备绝大之牺牲，以为灭人国之代价。吾中国国民亦岂能拱手听命，任人绝灭，起而反抗，固意中事，尔时贵国国民所蒙之牺牲又何苦。吾国人口四万万，贵国五千万，吾以八人与贵国一人拼命，则吾中国灭绝之日，亦即贵国同归于尽之日。贵国国民究为何求，而欲与吾中国国民以死相搏，造此同尽之恶果哉。

　　　　　　　　《北京学生告日本国民书》，訾盒编：《学界风潮纪》，中华书局 1919 年版

以"抵制日货"之手扼住日本的脖子。图为但杜宇的漫画《贪食小犬，死不足惜》。图片选自《国耻画谱》，民权报社出版部1919年

扼其颈项

劝同胞，莫彷徨，急急起，拼一场。青岛要失，山东将要亡，若是山东亡，仇人派兵来驻防。那时节我们便成高丽样，什么男和女任他去贼戕，什么金和银装在囊，我们只有哭一场，好不悲伤。我的同胞呀！我的同胞呀！只要国家强，我们便脱殃。如何不热心，如何不猛省，劝同胞切莫作五分的血性，虽然我们无大力，我们无大强，只要人人都齐心，只要人人买国货，利权不失于仇人，仇人国小生计难，商务失败心胆寒，那政府再交涉，青岛看他还不还！

武汉学生 6 月 1 日游行之传单，《学生游行演讲之热潮》，
《汉口新闻报》1919 年 6 月 4 日

左图为上海市民拆除日本仁丹广告牌的情形。左图选自中国历史博物馆编：《中国近代史参考图录》下，上海教育出版社 1984 年版；右图选自《益世报》1919 年 6 月 24 日，10 版

抵制日货

上海南北市商家，愤北京政府之拘捕学生，感上海学生之痛切劝告，遂于昨日一律罢市。并有于门上黏祇，大书"学生一日不释，本店一日不开"者；亦有书"坐守待毙"者。城内有数家不肯闭门，学生见之，乃长跪而泣，店主卒为感动。

海上闲人：《上海罢市实录》，公义社 1919 年版

5月9日，清华大学举行国耻纪念大会后，学生在操场上焚烧日货。图为其时焚烧日货之情形。图片选自中国历史博物馆编：《中国近代史参考图录》下，上海教育出版社 1984 年版

焚毁仇货

学生联合会之提倡国货，抵制日货，进行最力。连日借讲演团之鼓吹，大着成效。又派出代表，与商界接洽，筹备坚持方法。首由北京大学发起学生消费社，将所购储之日货，议决于十三日正午在北京大学文科大操场实行焚毁，并由各科学生中推举监视员共二十余人，到场监视。已出数千言之宣言书，印刷多张，除派人出外遍行分散，并于焚烧日货之顷，当场向大众演读。

龚振黄：《青岛潮》，上海泰东图书局 1919 年版

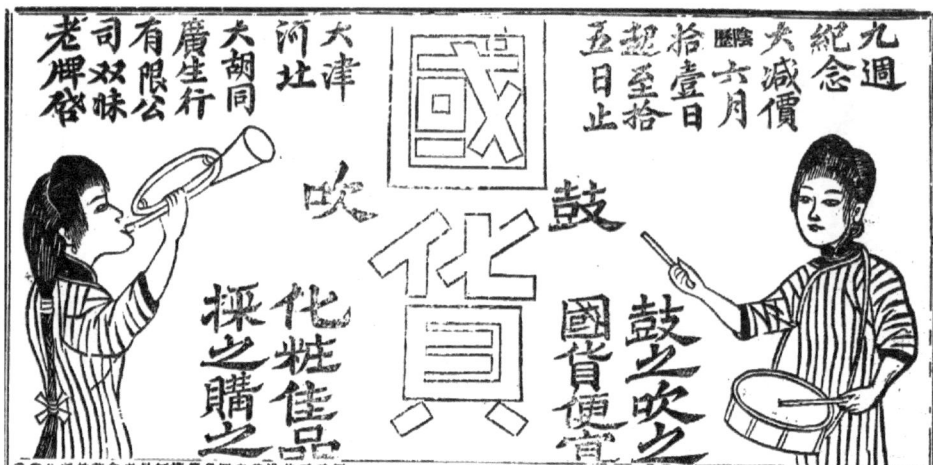

图为"双妹牌"化妆品广告。图片选自《益世报》1919 年 7 月 9 日，6 版

鼓吹国货

从今天起，你若是中国的人，你的血若是热的，你的良心若是在的，都要买我们本国的货。若是还不买国货，你就不算是中国人，你就不算是有良心的热血国民了。我们爱国的同胞呀！要晓得提倡国货，就是我们救国的一个顶好法子，也就是我们一般国民应尽的天职。

武汉学生 5 月 18 日游行传单，《大汉报》

1919 年 5 月 20 日

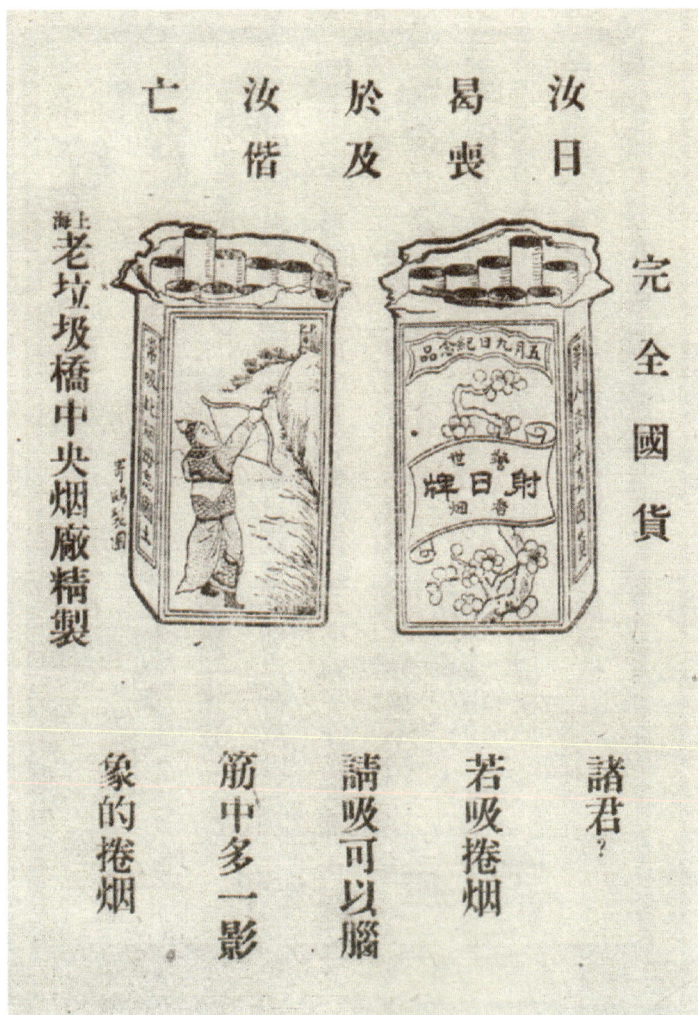

汝日曷喪於汝及汝偕亡

完全國貨

上海老垃圾橋中央烟廠精製

諸君？

若吸捲烟

請吸可以腦

筋中多一影

象的捲烟

图为"射日牌"
香烟广告。图片选自《黑
潮》1919 年 8 月号创
刊号

贩卖国货

自《五七》日报封禁之后，公园市场里边就没有卖东西的学生。过了两天，又有许多学生手拿布袋，有的写"国货"两个字，有的写"提倡国货"四个字。每到茶桌前面，先向游人鞠躬，发一种极和蔼的话劝人买货。所卖的货物不外牙粉、肥皂、手巾、香水、纸烟之类，也有卖《国民》杂志和《国体与青年》的。游客之中，十个人总有八个人买的，照他们说，卖出去的钱专做学校联合会费用。

《军警压迫中的学生运动》，《每周评论》

1919 年 6 月 8 日

图片选自《益世报》1919 年 5 月 6 日，10 版

坚忍勿懈

你看近日日本的商人，因为受了我们抵制日货的影响，打电报告诉日本政府，请他如何处置。你道他的回电，说个什么，听见了真正要气死。他说你们商人，不要着急，尽可休息休息，中国五分钟的热度，至多只有三个月。在这三月中的损失，政府可以赔偿你们的。少安毋躁，等到三月，然后生意还要比以前好得多哩。诸位听这话，你道可耻不可耻。我派报同人，这回儿凑了钱，印这传单，就是要请同胞看了，终要长久抵制，永远记牢，誓雪这五分钟热度的耻。要做到五分、五十分、五百分、五千分、五万分，还不止。这就是我们的本旨。

海上闲人：《上海罢市实录》，公义社 1919 年版

1922 年 2 月 4 日，中日在华盛顿会议期间签署了《中日解决山东悬案条约》，确定日本交还青岛与中国。6 月 2 日，中日换约。图为 12 月 10 日午，胶澳商埠督办公署楼顶换挂中国国旗时，中国警察行礼之情形。图片选自班鹏志：《接收青岛纪念写真》，商务印书馆 1924 年版

青岛交还

为呈报中日解决山东悬案条约互换竣事，仰祈钧鉴事：窃于民国十一年六月一日奉总统委任状开，中日解决山东悬案条约业经批准，兹委任外交次长沈瑞麟为全权，与日本国全权将批准约本彼此互换此状等因。奉此，遵即约定日本全权委员驻京公使小幡西吉于六月二日下午四时来部，将所奉全权委任状彼此阅看，均属合例。当将两国批准约本彼此校对无讹，缮立文凭，随即互换讫。除将约本照案交部收藏外，所有中日解决山东悬案条约互换竣事缘由，理合呈报大总统鉴核备案。

沈瑞麟呈文 1922 年 6 月 3 日

图为日后成为中共重要领导人的五四运动中的风云人物。左为陈独秀，右上为张国焘，右下为周恩来

建党准备

五四运动时期虽然还没有中国共产党，但是已经有了大批的赞成俄国革命的具有初步共产主义思想的知识分子。……五四运动是在思想上和干部上准备了一九二一年中国共产党的成立，又准备了五卅运动和北伐战争。

毛泽东：《新民主主义论》（1940 年 1 月），《毛泽东选集》第 2 卷，

人民出版社 1967 年版

图为日后站在国民党阵营的五四运动三位学生领袖。上为段锡朋，下左为罗家伦，下右为傅斯年。图片选自《传记文学》1979 年第 34 卷第 5 期

五四干部

总理对于这个趋势，是感觉最敏锐，而把握得最快的人。他对于参加五四的青年，是以充分的注意，而以最大的热忱去吸收的。他在上海见北京学生代表，每次总谈到三四点钟，而且愈谈愈有精神，这是我亲见亲历的事实。所以民国十三年中国国民党改组前后，从五四运动里吸收的干部最多，造成国民革命一个新局势。不但在政治方面如此，在军事方面也是如此。

罗家伦：《从近事回看当年》，《世界学生》1942 年第 1 卷第 6 期

周令钊：《五四运动》。图片选自《人民画报》第 3 卷第 1 期

精神长存

　　这不同的地方，就是五四运动特有的精神。这种精神就是：（一）直接行动；（二）牺牲精神。直接行动。就是人民对于社会国家的黑暗，由人民直接行动，加以制裁，不诉诸法律，不利用特殊势力，不依赖代表。因为法律是强权的护持，特殊势力是民权的仇敌，代议员是欺骗者，决不能代表公众的意见。……中国人最大的病根，是人人都想用很小的努力牺牲，得很大的效果。这病不改，中国永远没有希望。社会上对于五四运动，与以前的爱国运动的感想不同，也是因为有无牺牲的精神的缘故。

　　　　陈独秀：《五四运动的精神是什么？——在中国公学第二次演讲会上的讲演》
（1920 年 4 月 22 日），陈独秀：《陈独秀文集》第 2 卷，人民出版社 2013 年版，第 8-9 页

附录

△▼

匡互生：五四运动纪实

一、绪论

从民国八年五月四日北京学生因举行一次示威运动，把当时大家称作卖国贼的曹汝霖的住宅烧毁，章宗祥的头颅打破。引起了一班盲目盲心的国人的注意以来，"五四运动"四个字，差不多做了一班号称智识阶级的人六个足年到处谈笑的资料。叙述和批评五四运动的讲演和文章，在各种书报杂志上也不知道披露多少篇了，仿效五四运动而起的运动也不知道有多少次了。然而五四运动的由来和真相究竟怎样，各书报杂志所披露的文章究竟有叙述的不错，批评得适当么，仿效五四运动而起的运动的精神和价值究竟和五四运动的精神和价值相等么，据我所看见所知道的说起来，叙述和批评五四运动的文章，实在没有一篇道着真确的地方。相继而起的各种群众运动，也实在没有一次和五四运动同样具有那么重要的历史上的价值的。别的文章不必说了，单就去年五四纪念各报所发表关于五四运动的文章来讲，有些做文章的人竟把民国八年的事实看做民国九年的事实，（如《民国日报》的"觉悟"），有的把北京各校学生共同的举动认作北京大学学生所独有的举动，（如《时事新报》）。这样记事荒谬，观察错误的人还能够了解五四运动的真精神么？尤其令人可恶的就是年来自命五四运动的中坚和自命为时代的新人物的人们，到处想把"五四运动"一个空名词来欺骗他人，驱策群众，以致五四运动的精神完全丧失，而五四运动一个名词也就差不多要为"举世诟病"了。我对于五四运动虽然没有尽过多大的力量，不过也曾"躬逢其盛"，对于这次运动的由来和真相比较地明了一点。本来因为这次运动已成了过去的事实，不愿意把这事的由来和真相向人们道及，但眼见年来一班盲目冲动和胡说八道的人太多了，革命的精神也渐灭殆尽了，国民性的弱点也一天一天地显得更加厉害了，耐不过恐惧悲伤，只好先将五四运动的由来和真相述点大概，然后再把我从这次运动以来所看出的中国国民性的弱点一一指摘出来，以供研究教育和同情革命的人们唱进行曲的时候的一种参考。

二、五四运动的起因

现在我要说的就是：（一）五四运动的起因，（二）五四运动的真相。什么是五四运动的起因？我可以就我所知道的分别说出来：

（一）新书报的出版

在五四运动以前，北京方面有公开地流行和秘密地流行的两种新出版物。关乎前者，有《新青年》《每周评论》一类作代表；关乎后者有《自由录》《民声》《进化》杂志一类作代表。前者重在批评中国旧有的恶文化，范围有限，后者却重在铲除一切人类的桎梏，目光较远。并且公开的文章刺激性比较的弱，秘密的文章刺激性比较的强。所以使人感印很深并且发生极大的影响的，还是那些秘密流行的出版物。有了这些带强烈刺激性的出版物作晨钟暮鼓，一向消沉的青年，也就不能不从睡梦中惊醒，思想的解放自是当然的结果了。

（二）事实的压迫

讲到这个问题，我们就不可不从这次运动的背景加以精密记忆了。在这次运动未发生以前，中国一班青年所感觉最不安的有几件事实：第一，就是袁世凯因为要求虎狼似的日本对于他作皇帝的计划予以援助所换来的与这次运动有直接关系，而又为一班人认为中国致命之伤的"二十一条"；第二，就是继讨袁战争、复辟战争而起而又连年不得解决的南北战争；第三，就是参战时候与日本所订损害中国主权的军事协定；第四，就是被一班人所猜想与中国的生死存亡有重要关系而且与人类社会的变化有重大影响的欧洲大战；第五，就是受军阀操纵而又无恶不作的安福系。处在这样一种"灾害并至"、"险象环生"的境地当中，怎得不令人慄慄恐惧？由恐惧而悲愤，由悲愤而发生革命思想。既有革命思想，自然要乘机思动的。

（三）革命暗示的残留

当时在北京读书的学生，大多数是满清末年和民国初年的中小学的学生。凡满清末年一切革命烈士所有的侠烈行为和伟大事迹，这时候的中小学的学生都留了一种很深的印象。其中甚至于还有直接受过这些烈士的教育并且曾经参与过革命运动的。自民国成立至五四运动的时候，为时不过七年多一点。这时的环境既如上述，其险恶正不亚于满清末年，而所谓"革命之声"却又"寂焉无闻"。那些受过革命教育和参与过革命运动的学生，眼看见这种情形，抚今思昔，就大有一代不如一代之感。于是反躬自问，就觉得"责无旁贷"，不能不有所动作了。这就是残留的革命暗示所有的权威，而所谓轰动全国的五四运动，就因此成了一种自然的趋势了。

以上所说的三个远因，可以说是五四运动的三个根本原因。但是这三个原因如果不同时存在，那末，所谓五四运动也就根本地不能发生；即令发生，也不过很无影响地一现罢了。这种观察，大概没有多大的错误罢；读者如果不相信，只要继续地把本文后面所叙述的事实看完以后，就可以明了。至于中国代表在巴黎和会失败的消息的宣传，虽然可以说是这次运动的一个近因，但是实际上只可以把它当作一点引起爆发物爆发的火，与这次运动实在没有多大的关系；因为没有作爆发物的远因即令遇到火光，也无爆发的事实的发现哩。

三、五四运动的真相

五四运动的原因说完了，往后就不能不把五四运动的真相详细地真实地告诉读者了。现在我按照时间次序把重要的事实分别地写在下面：

（一）军事协定成立以后五四运动以前各校小团体的组织

自民国七年上期中日军事协定成立以后，北京国立各专门学校的学生，因为这个协定允许日本军队在中国境内有自由行动的权利，都以为这是引狼入室自惹祸害的媒介，于是全体相约同到新华门内去见冯国璋，请求废止那个协定。但因为事前没有组织，结果，几个被推去见冯国璋的代表被冯国璋一场圆滑而兼恐吓的话骗了出来；所有同去的学生，也就不得不各自跟着代表回到学校里去了。于是那些热烈的学生，因此觉悟到做事以前大有组织坚固的有力量的小团体的必要。几个月以内，各校学生独立自由组织和联合组织的小团体，相继成立的至少在二十以上。大家所共知的团体，如各校少数抱着爱国主义的学生所联合组织的国民杂志社和北京大学少数抱着文艺革命思想的学生所组织的新潮社，大家所不曾共知的并且我现在也不愿把他们的学校的名字宣布的团体，如某校少数抱着激烈的主张的学生所组织的同言社，工学会，和某某三个学校少数学生所组织的共学会等，都是当时比较有力的团体。并且因为前面所述的新出版物一天多似一天，和各种事实的压迫一天紧张一天，这些团体的弹性也就跟着一天强固一天。到了民国八年四月，这些团体就不约而同的有一个举行五七示威运动的大预备，同时并且得了全体同学加入的同意。

（二）示威运动提前举行的议决

上面已经说过，北京各校全体学生本来有一种五月七日举行示威运动的预备。不料自五月一日起，由巴黎和会传到北京的消息一天险恶一天。到了五月三日，由几家报纸和几个外国教员宣传的消息，竟说中国的外交已完全失败，并说失败的原因完全在曹汝霖、章宗祥、陆宗舆等秘密订定高徐、济顺两路借款合同的换文上所有的"欣然承诺"四个大字上面。因为"二十一条"的承认还可以说是由于最后通牒压迫的结果，在以谋永久和平相标榜的和会场中可以借着各国的同情把全案推翻的，但日本的外交家却能立刻拿出中国专使所未曾知道的密约换文上所有的"欣然承诺"四个字来作非强迫承认的反证，来作钳制中国专使的口的利器。这一个消息宣传以后，北京所有的学生除了那些脑筋素来麻木的人以外，没有不痛骂曹、章、陆等没有良心的，没有不想借一个机会来表示一种反抗的精神的。因空气这样紧张的缘故，大家就有提前举行示威运动的提议，于是五月四日举行游街大会的议案就由各校代表会议议决了。

（三）各小团体的会议及激烈举动的预备

在提前举行示威运动的议案议决的前后，各学校的各小团体都有一度的会议。北京高工、高师各校的全体会议，那自然是应有的文章。现在我要特别告诉读者的，就是前面所说过的那些小团体在这个时候活动的真相。五月三日那一夜，某校的工学会开全体会议，由会员提议讨论"对于中日的示威运动，本会应取何种态度？"，大多数主张采用激烈的手段去对付那几个仰日本军阀的鼻息，做国内军阀的走狗，并且惯以构成南北战争以快私意的曹、陆、章，就决定次日联络各学校的激烈分子，伴大队游行至曹、章、陆等的住宅时候，实行大暴动，并一面派会员先将曹、章、陆等住宅的门牌号数调查明白，以便直接行动。于是五月四日早晨凡在各校主张激烈的分子就由这个工学会的代表实地联络的结果，暗中已心心相印了。到了四日上午十时中等以上各校的代表在法政专门学校议决本日下午一时各校全体学生同到天安门外聚齐，举行示威运动的消息传到了各校，各校的热烈分子——二十人以内——都有相当的准备，甚至于有连身后的事都向亲密的朋友商托好了的！这个时候，我见着几个同学那种决意为反抗强权，反抗人类的蟊贼而牺牲的激昂慷慨的态度，我只觉得有同往牺牲的快乐，绝无丝毫恐惧和苟且偷生的念头。（公理正义竟足以使人的思想和情感超出生死问题以外至于如此！我于是才感悟到以势凌人，以死畏人的资本家军阀的权威和势力终属有限之至；理想的社会，真正的自由，实在有以血泪换得来的可能。）

（四）天安门集合和向东交民巷各国公使署交涉的经过

五月四日下午一点钟的前后，到天安门集合的，共有十三个学校的学生。当时各人手中所持的旗帜，都写上什么"废止二十一条"，什么"卖国贼曹某章某"，什么"反对强权"，什么"抵制日货"一类使人不起注意的字样。因此当时政府派出在学生队伍前后巡逻的侦探虽然很多，却也一点摸不到头脑。不惟他们看不出学生们有痛打曹章等的决心，并且也不相信学生们会有什么暴动的——老实说，最大多数的学生，实在没有这种预备的。可是当时大家都以为须全队赴东交民巷走过，方才可以对外人表示中国民众的一种公意，就决定向东交民巷出发。不料东交民巷外国守卫队，竟不让通过，虽由代表再三向英、美、法、意各国公使署交涉，因庚子条约（辛丑条约）的束缚，终没有允许通过的可能！于是素不感觉外力欺压的痛苦的人们，这时也觉得愤激起来了！"大家往外交部去，大家往曹汝霖家里去！"的呼声真个响彻云霄。这时候，无论怎样怯懦的人也都变成了一些有勇气的人了！

（五）大队沿街狂呼的景象和围攻曹宅痛打章宗祥的详情

大队在东交民巷被阻，自一点半钟起至三点半钟止，足足停立了两个钟头之久。最后就由大家决定改道向曹汝霖家里走去。这时候负总指挥的责任的傅斯年，虽恐发生意外，极力阻止勿去，却亦毫无效力了。大队经过东长安街往赵家楼的时候，沿途都高呼卖国贼曹汝霖，卖国贼章宗祥，卖国贼陆某徐某段某和其他骂政府的话。这时候群众的各个分子都没有个性的存在，只是大家同样唱着，同样走着，不到四点半钟的光景，就全体走到赵家楼曹汝霖的住宅前面了。当走到曹宅前面的时候，大多数的学生都从墙外把所持的旗帜抛入墙内，正预备着散队回校时，而那些预备牺牲的几个热烈同学，却乘着大家狂呼着的时候，早已猛力地跳上围墙上的窗洞上，把铁窗冲毁，滚入曹汝霖的住宅里去。这时曹汝霖宅内的十几个全身武装的卫兵，已被外面的呼声鼓掌声的震骇，并且受了跳进去的同学的勇猛的感动，已丧失了用武的胆量和能力，只得取下上好的利刀，退出装好的子弹，让继续跳进去的五个同学从内面把那紧闭重锁的后门打开！后门打开之后，如鲫如鳞的群众就一拥而入。对着后门立着的一块木屏，被一个人猛力地踢倒在地，发出轰然的一声。在宅外和立在后面狂呼的学生听着，以为里面放枪了，就倒退了几十步。后来，由里面出来的学生报告发声的不是放枪，倒退的人再向前进，一同进到被老早进去的同学打得落花流水的曹宅来看那些同学放火。因为他们到处搜不出那确实被大家证明在内开会未曾逃出的曹汝霖、陆宗舆、章宗祥，只得烧了他们借以从容商量作恶的巢穴，以泄一时的忿怒。可是在曹宅西院火光初现的时候以前，在曹汝霖的小老婆和父亲被大家交给在内的警察带出的时候以后，忽然在东院房间的木桶里走出一个身着西装面像日人的人，被一个同学赶上前去用一根旗杆劈头一击，那人就倒身在地佯作身死，于是动手打他的人就往后走去，而一时"曹汝霖已经被大家打死了"的喊声就传遍了内外，胆怯的学生就乘机回校避祸去了。但是一些热烈的学生们却争先恐后地去看那被打死的人，以证实当时的传言是假是真；哪里知道那佯作身死的人已乘机逃到外面一间皮蛋店里去躲藏好了，后来却被另一批搜寻曹章的人在一间皮蛋店里面的一间黑屋的床上又把曾经被打装死的人搜寻出来，大家就拉住他两只脚从那间黑暗屋里倒着拖到皮蛋店的门口，同声地问他是什么人，他总是绝对地不作声，大家耐不过，就各用那手中所持长不满尺的小旗杆向着他的面孔上乱打横敲，而那些手中没有武器的学生就只得权借皮蛋作武器向被打的人的头上打中了几十百把个皮蛋，于是死不作声的被打的头上只见满面的鲜血和那塞满了耳目口鼻的皮蛋汁了。不过同时却有一个真正的日本人负重伤出死力替他保护，大家因此颇怀疑那被打的人是日本人，所以不曾把他打死，因为那天到场参观的西洋人日本人实在不少，很有令人怀疑的原因哩。哪里知道他正是那一个向日本政府亲递那封有"欣然承诺"四字的换文的驻日公使，新回中国运动承认直接交涉的章宗祥！到了这个时候，已经五点三刻了，尚在看热闹的学生委实只有几十百把个人了，而那些攻打曹宅用力过多的人，这时多半也已经精疲力竭地跑回学校休息去了。正当大队学生已继续散去的时候，赵家楼一带已开到了好几排军队，于是那些起初对学生很"客气"的警察也胆大起来，并且也都板起面孔，吹起警笛，开始协同军队捕人了！

（六）学生被捕和各校的全体会议

当时落后被捕的共计三十二人，北大十九人，高师八人，工专、汇文、留法预备等校共五人。这个消息直到当日下午七时，各校学生才得全体知道。于是各校学生都立刻召集全体大会，讨论对付方法，一时的空气都大大地紧张起来了。除了少数的人仍坚持继续奋斗到底的主张以外，大多数都趋重于营救被捕的同学。所以次日各校学生代表会议的时候，差不多大家都舍了外交问题而单独顾着营救同学的问题了！

（七）各校学生代表会议

五月五日各校学生代表齐集北京大学开会，许多代表都因感情的关系主张即日罢课（甚至于有已经罢课了的），以要求政府释放被捕同学。当时北京大学学生代表主张罢课更急，而主张不罢课的实在只有北京高等师范的代表。高师代表所持的理由是：（一）大家应该尊重被捕同学的牺牲精神，继续奋斗，不应该专从营救同学着想而放弃了原来所抱的目的；就是说：大家应该跟着被捕的同学一同去牺牲，不应该只是希望被捕的同学早点出狱来跟着我们快活；（二）就事实方面说起来，罢课以后，大家不容易集会，团结精神更加无法保持。可是大家都只凭感情说话，没有什么真理可言，高师代表这样的主张自然不能得到多数的同意，所以大家就把全体一致罢课营救同学的议案通过了。这个议案通过以后，就继续讨论到北京中等以上学校学生联合会的组织，结果指定北大和高师代表起草组织大纲。

（八）北京学生联合会成立和组织大纲的要点

联合会组织大纲自六日上午由起草代表草定以后，即日就交到各校代表会议通过。于是所谓北京中等以上学校学生联合会，就宣告成立了。至于这个大纲，却有两个要点须连带说及的：（一）该会分为评议干事两部。评议部只负议决一切进行事件之责，干事部只负办理评议部所议决的一切议案之责；（二）评议部的评议员的产生只以学校为标准，就是说，不论学校人数的多少，每校只许出评议员二人，而干事部则专一委托北京大学学生干事会代理。这样一来，人数最多的北京大学的学生不患无事可作，而一两个学校的独持的主张也就始终不能成立了。

（九）被捕同学释放的经过

自全体学生罢课以后，直接感受苦痛的就是各校的校长，因为一方面要受什么政府的责备，一方面又要受学生的责备。所以他们连日大忙特忙，开会呢，写信呢，打电话呢，向教育总长说话呢，向国务院警察厅检察厅疏通呢，向学生演说呢，弄到一个精疲力尽才把三十二个被捕的同学由警察厅领出来，才使得全体学生依旧上课。其中受气受恐骇受侮辱的地方自然免不掉，所以被捕的学生出狱以后，北大的校长蔡孑民先生就辞职南归。在被捕的学生未曾出狱以前，关于他们在狱中的状况也不可不说及。他们的被捕固然出于偶然，但一入警厅以后，有因狱中生活较苦而怨及在外的同学营救的不力的。这时候，我才觉得从前高师代表所倡大家不应该只是营救同学之说未免调子唱得太高了。

（十）六三运动的酝酿

自被捕的学生出狱以后，直到五月二十前后，因为反对田应璜为教育总长和马其昶为北京大学校长再行罢课以后，政府对于学生种种活动无不加以注意和干涉。各校的附近无不密布军警，所谓露天演讲发散传单和发行刊物——如《五七》《救国》之类——等等运动自然都被严厉地取缔和禁止。就是学生联合会虽然每日改换会议地点，亦屡次为政府所探知而施行强迫的解散。什么请愿书虽然再三地向政府里送去，哪里能够值得他们一顾呢！到了五月三十日，向政府自告奋勇的代理教育总长袁希涛竟下了一道限学生于三日以内一律上课的训令。到了五月三十一日，徐世昌的禁止集会演讲和宣布戒严的命令更堂哉皇哉贴到各校的门口。这更可见当时政府相信他们的权威有效的一斑了。然而政府的压力愈大，学生潜存的弹力也愈大，在五月三十一日由从前在五四那一天运动最激烈的那些热烈分子到各校活动的结果，六月一日学生联合会就有从二日起再行分队出外举行露天讲演的决议，并且决定：如果二日出外演讲的完全被捕，次日就加倍再出，三日又完全被捕，四日就全体齐出。所谓六三运动的酝酿期间就完全届满了。

（十一）六二、六三的学生演讲和被捕的详情

到了六月二日上午九时，各校合计有二千人上下的演讲员就各把一面小旗藏在袖口里，继续地一个一个地偷出校门（这时各校门口都有军警看守，不能整队齐出）。行到各热闹的街口当中就揭出袖中所藏的旗帜，号召听众，并且立地讲演起来。因为这种办法已超出军警的预想以外，并且人数很多，当地的警察虽然照例上前干涉，终竟很少效力。但这样地不把政府的戒严令当一回事，在军警方面自然觉得太过不去，直到下午三四点钟的时候，无聊的步军统领衙门和警察厅只得下令捕人，于是同时被捕的有四十七人之多，北京大学法科就变成临时的监狱！不过这次被捕，完全在大家意料之中，当然大家没有特别惊惶的地方。虽然当夜谣传被捕去的学生均遭枪毙，而三日上午加倍出发的讲演员却依旧鼓起精神，分途出发。一时北京市上差不多没有一条胡同没有立地演讲的学生，同时却也没有一条胡同没有干涉演讲和逮捕演讲学生的警察。被捕的学生初由各地警察押送到各警察分局分所，而那些学生就在各分局分所对着看守的警察演讲起来，讲演的学生大都"垂泪而道"，而听讲的警察亦大都"掩面而泣！"甚至于有深表同情于学生而大骂那些卖国贼段徐曹章辈的。后来步军统领衙门即分派大批马队步队协同警察再由各分局分所静悄悄地把所有被捕的学生一律解送到北大法科和理科管押。在被解送的时候，学生依旧沿途大呼："抵制日货！""惩办国贼！"甚至于有大呼："大家起来革命"的。遇着从学校出来打听消息的同学即彼此大呼什么"中华民国万岁"，什么"前进"，什么"死呀！""死呀！""你们先去呀！""我们就来呀！"一片激昂慷慨、淋漓悲壮的声音，真个把北京城圈里闹了成一个鬼哭神号的世界！道旁的行人也有不少相见流泪的。等到被解送的学生继续进了法科或理科以后，大家虽然饿了十个钟头，但因为在里

面看守的军队为大家的沉痛演说所感动，对于被看守者在法科理科范围以内的行动完全不加干涉，各人不惟不觉到有什么恐惧与苦痛，而且立刻又在里面组织一个被捕学生联合会。这个组织差不多和原有的学生联合会的组织一样，不过评议部和干事部的职员都由各学校学生按照每校几人的规定自行推出，所以到了三日的晚上，在法科被看守的八百多人就把所谓评议部和所谓干事部所有的交际股，庶务股，会计股，纠察股，卫生股等都组织得完完全全，一切事情都有专人负责，不惟"秩序井然"，而且食宿的问题也能设法解决了。这时大家所不能放心的就是明日各校学生全体出发的事情是否能够实现；大家所最希望的就是北京商界能够罢市，京外的各界能够予大家一点声援。

（十二）六四、六五两日的变化和被捕学生的状况

各校留在校内的学生自见三日出外演讲的同学全数被捕，固然明知军警监视学校愈加严密，不容易全体走出校外，但为免除良心上的痛苦起见，只得各人携带干粮被窝，（三日学生被捕，还有没有被捕的同学去送被窝和点心，四日全体出发，如果依旧全数捕去，那就再无送被窝点心的人了，所以各人只得预先带去，以备不虞）死力冲出。果然全体携带行李冲出以后，军警即蜂也似的上前阻止了。但是全体学生既挟"破釜沉舟"之势向前猛进，并且用着慷慨激昂、恳切沉痛的态度向着军警们演说，军警的良心已经发生一种说不出的悲哀和惭愧，哪里再有力量来阻止学生们不去呢。不过四日军警方面所持的态度，实在也和三日两样，因为他们三日见着演讲的学生即尽数捕去，四日却只极力苦劝（甚至于有跪地哀求的）学生们不要再出外演讲，绝对地不再捕人了。所以四日出发的学生反能够很自由地在一切热闹的地方向一切听众把平日所不能说不敢说的话都任意地说得出来。但是他们一面演讲，一面却都向着北大法科理科走，因为一则可以就近探听昨日被捕同学的消息，一则可以从声势上表示一点胜利，以安慰安慰他们的沉闷。后来却都能达到目的，所以下午五时以后都很平安地各回学校去了。这一天还有一件可记的事，就是北京女子师范及附属女中的学生，打破后门出外演讲及集款接济被捕学生。先是几次运动都没有女校学生参与其间，而其所以不能参与的原因，就是女校校长及其他办事人的多方压制。北京女子师范校长方

还专制尤甚，当二三两日各校学生因出外演讲被捕的事情被该校同学在报纸上看见以后，她们就立刻商议援助的办法。不料事为方校长所探知，就一面嘱咐工人把校门紧闭，一面召集学生训话，加以严厉的斥骂。这样的办法，似乎使得女同学再也没有活动的余地了。但女同学的愤气却因此更盛，就将后门打开，一齐向外出发，沿路讲演，下午也一同到了北大法科的门前，同时她们的代表及女中的代表六七人各用手巾提了几千枚铜元（合计在四五十元以上）送到法科被捕学生团，接济被捕的男同学，并声明送来的铜元都是临时捐集的，所以来不及换成银元。这种热情侠举，不仅加了男同学不少的勇气，而且可以说，这就是中国女子自己解放，自己取得平权的第一声。以上所说，就是北京军警对待演讲的学生的一种起初想不到的变化，和女同学援助被捕同学的一种令人不能忘记的现象，至就三日被捕的学生的情形又怎样呢？私人亲友及各团体代表前去慰劳的一天不知经过几十百起。送点心送伙食费的也是接二连三地来个不已。最使我觉得奇怪的就是梁启超先生的令弟启勋先生赠送被捕学生大洋一千元，和吴光新先生愿意出资津贴学生联合会两件事。前者是本人以代广东何某捐赠被捕学生名义亲自送到法科，经交际股主任某君收受，后来经评议部提议认为不应收受，就由交际股退去，并登报声明了的。后者是由吴氏托人间接向学生方面示意，（并说段祺瑞、徐树铮亦赞成学生的举动）因为被学生方面闻知，宣言严词拒绝，就把那事打消了的。至于看守学生的军警又怎样呢？他们除了表同情于学生以外，并且有许多明了事体的军官还大骂段、徐、曹、章卖国的不是！不过碍于形式的命令，不便有积极反抗的表示。但是到了五日早晨，看守的军队忽然无条件地自己撤去了！大家很觉奇异，还有人猜疑政府别有用意。后来才知道政府因为上海为援助北京学生已实行罢市，天津、汉口也有罢市的趋势，甚至于北京商界有将和天津、汉口商界取一致态度的传说，并且在外面活动的学生联合会提出了严厉的抗议，大有无可收拾之势，所以只好无条件地把看守的军队撤去。不过政府虽然无条件地撤去了军警，被捕的学生却不能不向他们严重地质问任意蹂躏人权的理由。所以在五日下午教育部派来几个代表劝学生回校的时候，大家因为他们对于大家所提出的质问没有满意答复，就老实不客气地教训了他们一顿。并在他们垂头丧气地去了以后，决定政府如再没有悔祸的表示，大家仍采激烈手段去对付他们。后来因为政府另派代表前来自认误捕学生之罪，而在外的学生联合会又有再进一步的办法提议，大家就决定七日全体暂回各校休息一天，九日便和在校的全体同学，同赴新华门内照着联合会的主张以罢免曹汝霖、章宗祥、陆宗舆三人为条件，向徐世昌作最低限度的交涉。七日被捕同学回校以后，八日晚上十点钟学生联合会以九日上午十时全体学生赴总统府直接谈判，要求罢免曹、章、陆等的议决案用电话通知教育部，要他们通知徐世昌届时在府守候。政府从教育部得到这个消息，并且因为南苑某军队也有预备同时武装进城一律加入请愿的谣言和津京商界将有激成罢市的倾向，即晚十二点钟就召集国务会议，一致通过容纳民意罢免曹汝霖、章宗祥、陆宗舆三人的职。议决以后，就立刻由教育部用电话通知学生联合会，并力劝学生联合会转告同学，明日不要到总统府请愿，以免酿成其他不测的祸变。联合会当即要求须有罢免曹、章等的实证，才有商量的余地，他们就答应以明日上午九时以前送到各校的载着罢免命令的政府公报为证，学生联合会就答应一句等到明天再看的话。果然，九日上午八时《政府公报》就送到各校，曹、章、陆的免职也真个成了事实。

（十三）五四运动的尾声

这回运动所标出的公用语为"外争国权，内惩国贼"，国贼虽然受了一点薄惩，而危险万分的外交依旧没有多大挽回的希望。到了六月二十五日，巴黎传来消息，且说中国专使将于日内签字于损害国权的凡尔赛和约。于是学生联合会又决议于二十七日由各校推出数百代表向总统府强迫徐世昌电令专使拒绝签字，而数百代表于二十七日起就在新华门内有两日干晒一夜露宿的最后的奋斗。结果，徐世昌就当面答应：专使如未签字，即电令拒绝签字，如已签字，则将来和约交到中国时，一定予以批驳。学生代表虽明知徐氏圆滑，但暂时无法证明他说话的虚伪，也只好各回原校，另图补救了。不过徐世昌的圆滑虽然弄到大家无法进行，而近在巴黎的留法学生和华侨却因为国内民气激昂，激动了处置软弱无能的中国专使的决心，就于和约签字的那一天全体赴中国专使所住的地方，阻止他们赴会签字，并声言专使如要去签字，大家就以国内学生对付曹汝霖的办法对待他们。于是中国几个专使因为恐怕签字以后，自身难免有性命之忧，也只好容纳学生华侨们的要求，以求保全自身的安全。拒绝签字的目的才得达到。而所谓五四运动就从此总结束了。

四、结论

上面我已把五四运动的起因和经过大略说完了，现在我们从那些起因和经过可以得到下面几种结论。

（一）五四运动不是偶然发生的，是有酝酿很久的原因的。

（二）五四运动虽然没有生命上的牺牲，但最初真正预备牺牲的实在有二十余人之多，并且因为预备牺牲者努力的结果，便引起其他多数的预备牺牲者，所以运动力量就因此增大了。

（三）五四运动能使无论什么人——唯利是图商人，杀人不眨眼的军人，休戚无关的外国人以及平时只知有命令，不知有公道正义的警察等——都受感动的，就在于运动者有牺牲的决心。

（四）五四运动不是一班青年最初就能全体赞成的，而且最初还是许多人强烈反对的。

（五）五四运动所以不为军人政客的诈术所破坏所污辱的就在大家所抱的目的是非常正大光明，并且完全是公共的。

（六）五四运动所以能够持久就在于平时有团体的锻炼，临时有相当的组织。

（七）五四运动所以能使奸滑狡狯的政府穷于应付的，就在于运动者的思想超出政府的思想以上。因而根据思想所发生的计划就超出政府的预料以外了。

从上面的结论看起来，我们可以知道五四运动所以能使中国思想界发生点影响的，实在有一种不可磨灭的价值在那里。然而，反观五四运动的舆论界对于这次运动所有的印象又怎样呢？据我所知道，大概可分为几派如下：

（一）有认这次运动是一班全体觉悟的青年所共同参与的一种新革命运动的。

（二）有认这次运动是一种对付恶势力最初有效的运动的。（三）有认这次运动是一种偶然弄假成真的群众运动的。（四）有认这次运动是受人利用的盲目冲动的。他们因为各有上面的一种不精确的观察，所以就各有下面的种种错误的主张。（一）一切革新运动都可以让一般学生去负责。（二）制裁政府军阀和资本家随时都可以群众运动为利器。（三）群众上书请愿是一种有效的运动。（四）学生有盲目冲动的弱点，可以利用他们去对付反对党以达到一党一人的目的。年来各处的群众运动，所以不能收到实效的缘故，就在这些只知五四运动的表面而不曾了解五四运动的精神的人们误以上面的几种理由为根据而妄作主张。因此，轰轰烈烈的五四运动的精神就渐灭殆尽，甚至一切罪恶都假这群众运动的名词以行。我想到此点，真个"感慨系之"，因而不能不就我所知道的五四运动详细地报告现代一班青年们，使大家彻底地明了五四运动的真相，不至于以讹传讹。一方面自身可以从此悟到真责任之所在，一方面也可以不再上他人的当。这就是我作这篇文章的微意了。

一九二五年于上海。